CÉU AZUL

CÉLIA XAVIER CAMARGO
ESPÍRITO CÉSAR AUGUSTO MELERO

CÉU AZUL

CÉLIA XAVIER CAMARGO
ESPÍRITO CÉSAR AUGUSTO MELERO

BN EDITORA

BN EDITORA E DISTRIBUIDORA DE LIVROS ESPÍRITAS

Departamento da Sociedade Espírita Boa Nova
PABX (017) 522-2338 - Fax: (017) 522-2248
Av. Porto Ferreira, 931 - Caixa Postal 143
Catanduva - SP CEP 15800-000

1ª edição
10.000 exemplares
Junho/1997

CÉU AZUL

CAPA:
Brasílio, Figueiredo e Pedro
REVISÃO:
Joaquim Norberto de Camargo
Paulo César de Camargo Lara
FOTOLITOS:
Binhos Fotolitos & Editora Ltda.
EDITORAÇÃO ELETRÔNICA:
feita a partir da digitação da própria autora por
Jurandyr Godoy Bueno

Dados Internacionais de Catalogação na Publicação (CIP)
(Câmara Brasileira do Livro, SP, Brasil)

Melero, César Augusto (Espírito)
Céu Azul / Espírito César Augusto Melero; psicografado por Célia Xavier Camargo.
Catanduva, SP: BN Editora, 1997

1. Espiritismo 2. Médiuns 3. Psicografia
I. Camargo, Célia Xavier, II. Título

ISBN 85-86470-01-5

97-2229 CDD-133.93

Índices para catálogo sistemático:
1. Mensagens psicografadas: Espiritismo 133.93

Impresso no Brasil / *Presita en Brazilo*

Conheça outras obras da autora

CÉLIA XAVIER CAMARGO

Aves Sem Ninho

Espírito Jésus Gonçalves

Em Busca da Ilusão

Espírito Jésus Gonçalves

Mamãe, Estou Aqui!

Espírito Marcelo

Perante Deus

Espírito Erick

Perdoa!...

Espírito Jésus Gonçalves

(Todos editados pelo Clarim)

ÍNDICE

ÍNDICE

PREÂMBULO

É com imensa satisfação que entregamos estas páginas, resultado do esforço de uma equipe, ao conhecimento de todos.

Olhando para trás, mal posso acreditar que conseguimos enviar aos encarnados as nossas experiências no mundo espiritual. No período de 2 de maio de 1995 até a presente data, todas as terças-feiras pela manhã, ininterruptamente, dedicamo-nos ao trabalho com muita alegria e descontração, que é uma característica do grupo.

O resultado aí está e o submetemos, humildemente, à apreciação daqueles que tiverem a curiosidade de ler estas páginas.

Se, há pouco mais de dez anos, alguém me dissesse que estaria hoje na Espiritualidade e escrevendo um livro, certamente eu não acreditaria. A realidade, porém, é que a vida é dinâmica e cheia de surpresas. Não temos acesso ao futuro e ao que Deus nos reserva, e isso é muito bom.

A necessidade de conhecimento das coisas espirituais é de vital importância para o homem; detecta-se isso na ânsia com que as criaturas atualmente buscam informações, nem sempre da forma mais correta.

Por isso, resolvemos falar sobre nossas experiências; como vivem, o que fazem, o que pensam aqueles que deixaram o mundo terreno partindo para uma outra realidade, mais viva, mais atuante e mais feliz.

Mostrar que a morte não existe, que continuamos sendo os mesmos que sempre fomos, gostando ou não das mesmas coisas e das mesmas pessoas, estudando, passeando e nos divertindo. Com uma diferença: agora mais conscientes das responsabilidades e do que nos compete realizar, trabalhando pelo próprio aprimoramento e pela melhoria da sociedade em que vivemos.

A vida na Espiritualidade é um curso avançado de responsabilidade em que nos esforçamos ao máximo para realizar o melhor. Aqui, não podemos ficar dependendo do papai ou da mamãe para resolver os nossos problemas; não podemos fazer barganhas para conseguir o que desejamos; não podemos colar nas provas.

Porque aqui ninguém engana ninguém. Somos o que pensamos.

Foi um período extremamente gratificante e uma experiência fascinante, com a qual muito aprendemos em contato com os companheiros encarnados.

Os nossos agradecimentos a todos os que colaboraram para que esse projeto pudesse ser concretizado:

Aos orientadores e companheiros da equipe espiritual, que se desdobraram na execução das tarefas;

À Sociedade Espírita Maria de Nazaré, local abençoado de socorro, de assistência e de orientação a quantos lhe batem às portas, e onde executamos grande parte das nossas tarefas;

Aos amigos e parceiros da equipe encarnada, sempre prontos ao trabalho, especialmente à médium, que, com dedicação, serviu de intérprete do nosso pensamento para que ele se tornasse realidade;

A minha família, especialmente a meu pai Alcides e a minha mãezinha Elvina, que me aceitaram como filho do coração. Sem a orientação segura e sem o conhecimento da Doutrina Espírita que me proporcionaram, não seria o que sou hoje;

A Maria de Nazaré, nossa Benfeitora, que tem sido pródiga em bênçãos, e a seus assessores que nos assistem e nos amparam;

A Jesus, nosso Mestre Maior, que nos concedeu o primor do Evangelho, que tentamos exemplificar, reestruturando nossa personalidade segundo as leis morais;

E, finalmente, a Deus, Pai de Infinita Bondade, que, num ato de amor, nos criou para a vida e para a evolução, e do qual espero nos conceda outras oportunidades como essa.

O trabalho continua. A vida prossegue. Até um dia!

Muita paz!

César Augusto Melero
Rolândia (PR), 9 de abril de 1996.

1

ENFRENTANDO A REALIDADE

Percorria as ruas caminhando tão rápido quanto minhas longas pernas permitiam. Ansiava por chegar em casa. Tinha fome e sabia que minha mãe estaria aguardando-me com a refeição pronta.

Fazia o trajeto imerso em meus pensamentos. O movimento da rua não me incomodava e nem percebia as pessoas que por mim passavam, apressadas.

Até inconscientemente, levei a mão ao joelho. O que estaria acontecendo? Desde alguns dias surgira uma dor incômoda no joelho e isso me preocupava. Desportista, tinha receio de que qualquer problema pudesse impedir-me de treinar.

Mais alguns passos e estaquei defronte da nossa casa. Abri o portão e entrei.

Meus pais me esperavam. Introspectivo, fiz a refeição no meu quarto, com o som ligado. Ouvia o grupo "Scorpions". Não desejava conversar.

Sabia que meus pais se preocupavam com esse meu comportamento, contudo era mais forte do que eu. Não tinha vontade de falar com ninguém. Não me sentia bem. Uma angústia, um desassossego sem explicação me agitavam por dentro, e eu ficava irritado, intranqüilo, sem saber por quê.

Com a continuidade das dores não pude mais esconder a situação. Levaram-me ao médico, fiz exames, radiografias, mas sem qualquer resultado positivo. Nada havia de errado comigo. Pelo menos era o que afirmavam meus exames clínicos.

Não obstante, a dor persistia e isso deixava-me extremamente irritado e descontente. Os familiares e amigos diziam-me "isso passa", tentando animar-me.

Contudo, com o passar dos dias, a dor foi aumentando até não suportar mais. Novos exames, novas radiografias.

Afinal, quando o problema apareceu, nada mais podia ser feito. Eu estava com câncer. Na época não fiquei sabendo pois queriam evitar que eu sofresse ainda mais por uma situação que era irremediável.

Meus pais eram espíritas e eu, conquanto no fundo acreditasse nos postulados da Doutrina dos Espíritos, não demonstrava muito interesse pelo assunto.

Eles oravam em meu benefício e diziam-me que tivesse confiança, que meu problema era passageiro e que logo ficaria bom novamente.

Contudo, no fundo, "eu sabia" que o caso era grave.

Tive que ir para o leito pois as dores aumentavam sempre de intensidade. Revoltado, não queria ver ninguém. Afastei-me de tudo e de todos.

Graças a um tratamento espiritual, as dores amenizaram bastante e já não precisava tanto de analgésicos.

Minha perna esquerda inchou muito, ficou enorme e não conseguia suportar o contato da roupa sobre a pele. Com o avanço da doença, espalhando-se pelo organismo, passei a sentir falta de ar, com terríveis dificuldades respiratórias que muito me torturavam.

Ao mesmo tempo, entidades desencarnadas, inimigas de outras eras, colavam-se a mim, contribuindo para potencializar ainda mais meu problema, já em si tão grave.

Graças a Deus foram ajudados esses espíritos e obtive grande melhora, sobretudo mental e emocionalmente, já não ficando tão nervoso e agitado.

Amigos generosos vinham aplicar-me energias vitalizantes através do passe, todos os dias, e isso me proporcionava infinito bem-estar.

O amparo da Espiritualidade Maior, que nunca falta, estava presente e sentia as Entidades amorosas velando por mim, como meus avós paternos e, especialmente, a avozinha Filomena [1].

Aos poucos fui mudando. Enquanto dormia, recebia

orientações e esclarecimentos que muito me auxiliaram na compreensão da fase difícil que estava atravessando. Preparava-me para o que ainda teria que passar.

Assim, deixei de revoltar-me e passei a colaborar, consciente de que estava em fase terminal da existência.

Certo dia, compreendendo que chegara a hora, conversei com os familiares presentes no quarto, numa despedida simbólica, e elevei o pensamento numa prece de agradecimento ao Criador, sentindo a presença dos amigos espirituais que vieram para desligar-me do corpo físico, carcomido e sem condições de continuar mantendo a vida orgânica.

Parti para a Espiritualidade bendizendo a doença que me proporcionara possibilidades de crescimento e iluminação interior.

Vencera uma etapa. Dolorosa, porém, muito produtiva. Aqueles meses que permaneci no leito compulsoriamente valeram por uma vida.

Hoje eu sei que tudo teria que ser como foi. Estava previsto e programado que eu voltaria ao Plano Espiritual muito jovem. Tinha dezenove anos e ainda mal começara a viver.

Deus, porém, é sábio e deu-me, não a felicidade que eu esperava, mas a dor de que precisava para progredir espiritualmente e saldar débitos antigos contraídos com a justiça divina.

A passagem de um plano para outro da vida se fez sem grandes dificuldades, uma vez que, como permanecera jungido ao leito por muitos meses, meu espírito desprendia-se com facilidade, estando mais para o "lado de lá" do que para o "lado de cá" da vida.

Uma imensa dívida de gratidão, que jamais poderei pagar, ficou por todos, familiares e amigos, que tanto me ajudaram. Carinho pelos irmãos Marize e Paulo, pelos sobrinhos, pelos tios e tias, primos, pela avó Angelina [2]; pela enfermeira Floripes [3], que carinhosamente trocava-me os curativos com suas mãos de fada; pelo Dr. Índio [4], médico dedicado a quem muito devo. Enfim, por todos quantos me ampararam, seja no contato direto, seja através de preces e vibrações que me envolviam com muito amor. E especialmente pela minha mãe e pelo meu pai, que muito sofreram, sem nunca reclamar, e que foram o amparo de toda a minha vida.

A todos a minha gratidão.

NOTAS:

(1) *Filomena Riati, bisavó paterna.*

(2) *Ângela Constantino de Carvalho, avó materna.*

(3) *Floripes Tavares, que, à época, era enfermeira do Hospital São Judas Tadeu, de Rolândia(PR). Atualmente desencarnada.*

(4) *Dr. Índio Parimé de Lima, médico residente na cidade de Londrina(PR).*

2

NA ESPIRITUALIDADE

Amparado pelos amigos espirituais que vieram assistir meus últimos instantes no corpo físico, fui recebido com grande alegria. Muitos daqueles que ali estavam eu aprendera a conhecer pelo contato que mantivera com eles durante a enfermidade. Muitos eu sentia que eram amigos de longa data, anterior ao meu retorno à Terra numa nova encarnação, outros eram familiares que me aguardavam ansiosamente, como a bisavó Filomena, a avó Maria[1] e o avô Juvêncio[2].

Sentia-me leve e feliz como nunca me sentira antes. Nada de dores, de dificuldades respiratórias, de mal-estar físico. Não. Agora reconhecia-me livre, bem disposto e muito mais lúcido. Uma luz diferente e brilhante envolvia todo o aposento.

Antes de abraçar os amigos que me davam as boas-vindas, lembrei-me dos que ficaram e olhei para baixo.

Percebendo que eu partira, meus pais, os familiares e amigos oravam, acompanhando a prece que a D. Célia[3] fazia, suplicando a Jesus me amparasse os passos na nova vida que agora se iniciava.

Abracei minha mãe e meu pai confortando-os e afirmando-lhes que não se preocupassem, que eu estava muito bem.

Espíritas que eram, deram o testemunho do ideal que acalentavam, mantendo-se equilibrados e firmes durante todo o tempo até o sepultamento.

Após receber os cumprimentos de familiares e amigos, senti um certo cansaço.

Um médico amigo, que me assistira durante aqueles meses de enfermidade, Dr. Henrique, fitou-me com carinho e afirmou:

- Agora é preciso descansar. Está muito esgotado e deve recuperar as energias perdidas.

Acomodaram-me num leito alvo em local tranqüilo, e adormeci imediatamente. Despertei algumas horas depois sem saber quanto tempo se passara. A princípio, não me lembrei de que já havia morrido.

Havia muita gente dentro de casa e, em nossa sala, um caixão funerário. Com curiosidade aproximei-me e não pude deixar de considerar horrível aquele corpo que ali estava e que fora meu até algumas horas atrás. Apesar disso, uma imensa gratidão pelo veículo que me servira durante dezenove anos tomou conta de mim. Percebi que chegara a hora das despedidas e, com o choro e os lamentos, voltei a sentir uma certa inquietude.

- Vamos sair desse ambiente, César. Ele não te fará nenhum bem.

Fomos para a rua. Amparado pelos amigos da Espiritualidade, acompanhei o féretro. Não pude deixar de notar que, se muita gente estava realmente preocupada comigo, grande parte cumpria apenas um dever social, completamente despreocupada do momento solene que ali estava a exigir um certo recolhimento, em respeito ao que partira. No caso, eu.

Cássio, um outro amigo, percebendo minha estranheza, considerou:

- Os encarnados, de modo geral, ainda não compreendem a importância do pensamento e a responsabilidade perante os próprios atos em suas vidas, agindo com total irreverência e descaso para com assuntos de grande relevância, como é o problema da morte e da sobrevivência do espírito. Por isso sofrem tanto.

Chegando ao cemitério, notei grande quantidade de espíritos necessitados, ainda inconscientes do seu estado de desencarnados, que observavam o cortejo passar. Muitos em atitude de respeito, outros fazendo piadas e dizendo palavrões, sentados nos muros e nos túmulos.

A cerimônia foi rápida e logo todos se dispersaram.

Sentindo cansaço novamente, perdi a noção das coisas e mergulhei em sono profundo.

NOTAS:

(1) Maria Reati, avó paterna.

(2) Juvêncio Borges de Carvalho, avô materno.

(3) Célia Xavier Camargo, médium psicógrafa.

3

EM CONVALESCENÇA

Acordei num quarto de hospital, alvo e limpo. Tudo era paz e silêncio. As cortinas da janela agitavam-se brandamente à brisa que soprava.

Estranhei. Não me lembrava de ter vindo para o hospital e notei que não se assemelhava a nenhum daqueles que eu conhecia. Teria eu piorado e necessitado de internação urgente?

Contudo, reconhecia-me muito bem, sem dores ou desconfortos. Além disso, não estava tomando soro e não sentia necessidade do uso de oxigênio. Não havia sondas ou coisas do gênero.

Nesse momento entrou uma enfermeira no quarto. Sorridente, aproximou-se do leito dirigindo-me palavras de boas-vindas.

- Finalmente acordou. Como está passando, César?

- Muito bem. Mas, diga-me, onde estou?

- Não se recorda? É natural. Você fez a grande viagem e está conosco agora.

Só então me lembrei. Sim, já deixara o corpo físico doente e até acompanhara o féretro.

Bati com a mão na cabeça, como costumava fazer.

- Como pude me esquecer?!... Bem que eu estava estranhando este quarto de hospital de primeiro mundo, diferente de tudo o que estava acostumado até então. Por isso meus pais não estão aqui comigo!

A enfermeira sorriu ao ver a minha surpresa.

- Você receberá visitas de parentes que estão ansiosos por vê-lo. Agora, porém, precisa repousar. Está em tratamento e deve permanecer no leito por mais alguns dias. Avisarei o médico que você já acordou.

Pensamentos de gratidão a Deus me acudiram à mente,

juntamente com a lembrança de todos os que deixei na Terra. Minha mãe, meu pai, meus irmãos e demais familiares. Uma onda de emoção me envolveu e lágrimas de saudade afloraram-me aos olhos. Como estariam eles com a minha partida?

Lembrei-me de minha mãe, dos seus cuidados, do amor com que envolvia todos os seus gestos durante os meses em que estive preso ao leito.

Nesse instante, percebi que o mal-estar e as dores voltavam. Sentindo dificuldades para respirar, procurei uma campainha para que pudesse pedir socorro.

Como se atendendo ao meu chamado, entraram no quarto um médico e uma irmã de caridade.

- Graças a Deus que o senhor chegou, doutor! Estou passando muito mal!

O médico examinou-me em silêncio, enquanto a freira postara-se ao lado do leito, aguardando. Ao terminar, com fisionomia afável e simpática, ele sorriu.

- Meu nome é Renée [1] e esta é a irmã Clara. O que aconteceu, César? A enfermeira disse-me que seu estado era muito bom.

- É verdade, doutor. Estava me sentindo muito bem até que comecei a lembrar tudo o que sofri...

- E começou a sofrer tudo de novo. O poder do pensamento é imenso, meu amigo, você não ignora isso. Aqui no além-túmulo perceberá rapidamente que a necessidade do equilíbrio mental é uma realidade. É normal os recém-desencarnados sofrerem a influenciação, tanto dos seus próprios pensamentos quanto das vibrações que lhes são desfechadas pelos encarnados, ainda inconformados com a morte física. Imprescindível, César, evitar tudo o que possa causar-lhe mal. Nada de lembranças tristes e dolorosas. Pense apenas que está iniciando uma nova vida, em condições bastante favoráveis e que tudo já passou. Você venceu.

Um tanto envergonhado, concordei com ele. Reconhecia que tudo o que me dizia era verdade.

- Vamos fazer-lhe uma transfusão de energias, de que está carecendo.

A irmã de caridade acercou-se mais e, colocando as mãos sobre minha cabeça, iniciou a operação. Durante alguns minutos mantivemo-nos em silêncio e senti que, à medida que a entidade alongava as mãos sobre meu corpo, branda sensação de bem-estar me envolvia.

Antes de mergulhar novamente num sono profundo, ouvi o médico dizer à freira:

- Ele está bem agora. Irmã Clara, assim que ele acordar me avise, sim? Deixemo-lo descansar. O sono, nesse estágio, é o medicamento mais eficaz.

Quando despertei de novo, lembrei imediatamente o que acontecera. Abri os olhos, sonolento, e dei com um belo vaso de flores à minha cabeceira. O perfume era delicioso e diferente. Olhei em torno e vi minha avó Maria que, sentada em uma cadeira, entretinha-se em ler um livro.

- Aguardava o seu despertar, meu filho. Como está se sentindo? Estamos muito felizes com sua chegada. Seja bem-vindo!

Conversamos mais um pouco e logo ela se despediu, beijando-me a testa.

- Não posso me demorar. Você está em convalescença e não deve se cansar. Depois teremos todo o tempo que quisermos para conversar.

Agradeci sua visita e também as atenções que me dispensara enquanto estive doente.

O médico entrou sereno, acompanhado da enfermeira.

- Como está passando? Está com ótima aparência!

- Muito bem, Dr. Renée.

- Ótimo! Deixe-me examiná-lo.

Em silêncio, procedeu ao exame. Retirou o lençol, observando cuidadosamente a perna enferma, examinou os pulmões e todo o corpo. Em seguida sorriu, satisfeito:

- Está se recuperando muito bem. Precisa se alimentar e ficar bom logo porque está cheio de gente que quer vê-lo.

- É verdade, doutor? Posso receber visitas?

- Naturalmente. Voltarei amanhã. Continue assim, que está

muito bom.

Agradeci e eles deixaram o aposento. Logo depois a enfermeira Deise voltou, trazendo um prato de caldo reconfortante e um copo de suco.

Sentei-me no leito, recostado em travesseiros, e aspirei o aroma que vinha do prato.

- Parece muito bom. Estou realmente com fome.

O caldo era parecido com os que tomava quando encarnado, porém era mais leve, de substância diferente e desconhecida. Muito gostoso.

O copo tinha um líquido claro, algo espesso. Indaguei da enfermeira:

- De que é feito esse suco?

Ela sorriu compreensiva e respondeu:

- Você não conhece. Experimente e vai gostar. Tem substâncias nutrientes de que está necessitado e é excelente alimentação.

Realmente, era uma delícia e sem paralelo na Terra.

Quando terminei a refeição ligeira, estava satisfeito e reabastecido. Sentia-me bem disposto e com vontade de ler alguma coisa.

- Enfermeira, enquanto encarnado afeiçoei-me à leitura espírita e gostaria de ler alguma coisa.

- Excelente, César. A leitura fará com que se recupere ainda mais rápido. Na gaveta da sua mesinha de cabeceira, há alguns livros. Se quiser alguma obra diferente, é só me avisar.

Agradeci. Escolhi um livro de mensagens e engolfei-me na leitura.

Algum tempo depois, a irmã Clara entrou no quarto e anunciou, com sua voz meiga e suave:

- Há duas visitas para você.

Satisfeito, sentei-me no leito e aguardei ansioso.

NOTA:

(1) Lê-se Renê, por ser palavra de origem francesa.

4

VISITAS INESPERADAS

Estava eufórico. Nos instantes que precederam a entrada das visitas anunciadas pela Irmã Clara, fiquei tentando imaginar quem estaria à minha procura, rebuscando na memória os conhecidos que já estavam na Espiritualidade.

Contudo, as pessoas que adentraram o meu quarto eram absolutamente desconhecidas para mim. Dois rapazes simpáticos e sorridentes se aproximaram, deram-me as boas-vindas e se apresentaram:

- Eu sou o Eduardo e este é o Marcelo.

Aquele que falava era magro, estatura elevada, pele morena clara, cabelos escuros e lisos, penteados de lado. O seu companheiro era mais baixo, pele clara e cabelos castanho-claros um pouco ondulados. Ambos estavam vestidos como qualquer jovem da sua idade na Terra: calças jeans, camisetas e calçavam tênis brancos.

Enquanto eu os observava, percebi que me olhavam, divertindo-se.

- Está nos estranhando? - indagou o Marcelo com bom humor.

Algo sem jeito, respondi considerando:

- De certa forma, sim. Pensei que as pessoas do "lado de cá" se vestissem de forma diferente...

- Com longos camisolões brancos? - completou Eduardo rindo.

- Isso mesmo! - confirmei.

Um olhou para o outro e deram uma gostosa risada:

- É o que todo mundo pensa. Nós também estranhamos, não fugindo à regra geral - informou Marcelo.

- A verdade é que no mundo espiritual vigora a lei da afinidade e simpatia. Cada criatura levará em conta as suas preferências naturais, seus hábitos, seus costumes. Ninguém muda de uma hora para a outra porque morreu para o mundo material. Continuamos sendo os mesmos e gostando das mesmas coisas - ponderou Eduardo.

- Isso eu sei - respondi, concordando.

- Mas pensou que nos vestíssemos todos uniformizados, iguaizinhos, não é? A nossa personalidade é um complexo, César. Através do tempo assimilamos tendências, ideais, maneiras de ser, comportamentos, que refletem o que somos. Inconscientemente, o espírito demonstrará o que é, refletindo seu progresso moral, intelectual e espiritual. Dessa forma, quando chegamos da Terra, ainda estamos muito impregnados de nossos hábitos, desejos e necessidades, e os conservamos por algum tempo.

- Só aos poucos iremos nos libertando disso tudo - comentei, aproveitando uma pausa que Eduardo fizera.

- Isso mesmo! Talvez com o tempo você, o Marcelo e eu possamos sentir e pensar de forma diferente; possivelmente até andando de camisolões. Quem sabe? - completou Eduardo, fazendo com que caíssemos na gargalhada.

- Compreendo. Vai depender da nossa evolução através do tempo - concordei quando paramos de rir.

Marcelo fitou-me sereno e considerou:

- Estamos muito satisfeitos de vê-lo bem, César Augusto, e sem perder o bom humor que sempre teve.

- Vocês me conheciam?

- Sim. Nós o aguardávamos com ansiedade. Aqui temos uma turma muito legal. Você vai gostar dela.

Curioso, indaguei interessado:

- E por falar em turma, como é essa nova vida? Afinal, estou acabando de chegar e tenho poucas informações.

Com gravidade, Eduardo ponderou:

- Acho que, antes de mais nada, você deve ser muito grato a Deus. Não são muitos os que conseguem voltar para o Plano Espiritual com a tranqüilidade com que você o fez. Pelo apego às coisas materiais, pelo desconhecimento das coisas espirituais, e até da imortalidade da alma, o espírito se candidata a muito sofrimento, preso à família, às zonas inferiores ou aonde seu coração estiver.

- Jesus não disse "Onde está teu tesouro ali estará teu coração"? - completou Marcelo.

- Puxa vida! É verdade. Nunca havia parado para pensar nisso - respondi, pensativo, comentando em seguida - Sei que fui muito ajudado e tenho uma enorme dívida de gratidão para com todos os amigos espirituais.

- Mas também muito se ajudou. Caso contrário, não estaria aqui hoje - disse Eduardo com simplicidade.

Ajeitando-me no leito, insisti:

- Mas então me conta, como é a vida aqui? O que vocês fazem? Vocês "devem" fazer alguma coisa, não é?

- Naturalmente. Temos muitas atividades. Freqüentamos palestras, fazemos cursos, trabalhamos, passeamos e nos divertimos. Tem hora pra tudo!

- Que barato! E onde vocês moram?

- Bem, como não temos casas próprias, moramos numa "casa para jovens" - informou Eduardo.

- Como assim? - perguntei, surpreso.

- Quando as pessoas estão aqui há mais tempo e já trabalham há muitos anos, elas têm méritos para construir suas próprias casas, pelo volume de horas dedicadas ao serviço ativo. No nosso caso, temos que morar com outras pessoas.

- É uma espécie de "república", entende? - explicou Marcelo.

- Compreendo. Mas... não vira bagunça? - perguntei, ainda lembrando do conceito de "república" que eu conhecera na Terra, quando jovens estudantes, distantes das suas cidades de origem, reuniam-se em pensionatos e, como estavam sem o controle dos pais, tinham liberdade para fazer de tudo, menos estudar.

Sorriram e notei que tinham "ouvido" meus pensamentos.

- O comportamento de cada um depende da maneira de pensar e da responsabilidade perante a vida. No nosso caso, isso não ocorre, porque todos os que aqui estão são responsáveis e equilibrados. Os pensamentos e o comportamento denotam a faixa vibratória em que nos situamos. Dessa forma, alguém que não esteja afinado com o ambiente não poderá aqui estar. A densidade vibratória faz a diferença. Entendeu?

- Sem dúvida. Nem teria vindo parar aqui.

- Exato. O passaporte é a condição espiritual que já desfrutamos - completou Marcelo.

Quanta coisa interessante aprendera naqueles poucos minutos de conversação fraterna. Como o silêncio se fizera, fiquei a meditar na infinita misericórdia de Deus, na sua justiça e na perfeição de suas leis. Não havia necessidade de ninguém ficar controlando nada, tudo era natural e lógico. Já tivera a oportunidade de ler algo a respeito, mas na prática é diferente.

- Deus sabe o que faz - considerou Eduardo, novamente demonstrando ter ouvido minhas íntimas colocações.

Levantaram-se e percebi que a visita estava terminando.

- Nem sei como agradecer a vocês terem vindo me ver.

- O prazer foi nosso. Teremos muito tempo para trocar idéias quando você deixar o hospital. Estaremos aguardando-o ansiosos - disse Eduardo gentilmente.

- Comporte-se direitinho para que a sua recuperação seja rápida. Fique em paz! - falou Marcelo.

- Também estou ansioso por sair daqui e ver coisas novas. Valeu!

Após a saída dos novos amigos, suspirei satisfeito. A conversação trouxe-me infinito bem-estar. Sozinho, meditei nas diferenças entre esta sociedade espiritual e a sociedade terrena. Uma, fraterna e amiga. A outra, cheia de problemas onde o mal ainda campeava. Um imenso desejo de melhorar logo, para trabalhar, servir, aprender e me relacionar com as pessoas, fazendo algo de bom e de útil, tomou conta de mim.

Elevei o pensamento numa prece de gratidão a Jesus por todas as bênçãos que estava recebendo e supliquei ao Mestre me permitisse servi-lo na pessoa do meu próximo.

5

EM NOVO LAR

Com o passar dos dias fui recuperando as energias e me sentindo cada vez melhor. Recebia visitas de pessoas amigas, de parentes e até de desconhecidos. Muitas pessoas acompanharam o período em que estive acamado, na Terra, e agora vinham dar-me as boas-vindas. Outras, eu sentia que suas fisionomias eram-me familiares, mas conscientemente não me lembrava delas. Provavelmente, como me informaram, eram velhos conhecidos de outras encarnações ou mesmo do Plano Espiritual, quando estagiava entre uma encarnação e outra.

Alguns, contudo, via freqüentemente, como o Dr. Henrique, a Irmã Clara, a enfermeira Deise e o Dr. Renée, responsáveis mais diretos pela minha recuperação.

Logo me foi permitido descer ao jardim e passear um pouco, acompanhado dos enfermeiros, às vezes do Dr. Henrique, ou de quem estivesse por perto. Depois, sentindo-me cada vez mais forte e bem-disposto, descia para o jardim sozinho. Procurava sempre manter a elevação de pensamento, lia bastante e orava com freqüência. Isso proporcionava o equilíbrio emocional de que tanto necessitava.

Assim, certo dia, Eduardo e Marcelo apareceram dizendo:

- Arrume-se. Vamos pra casa.

Fiquei muito feliz. Afinal, iria conhecer realmente o mundo espiritual fora dos limites do hospital, pensava. Do exterior, só conhecia o jardim, muito bem tratado e harmônico, cheio de alamedas, de árvores e de flores, em cujos bancos nos sentávamos para conversar ou simplesmente para apreciar a paisagem, que era linda. Gostava de ler respirando o ar balsâmico das flores e ouvindo os passarinhos.

Agora ia deixar o hospital, onde recebera tanto carinho e tantas atenções. Como não tinha bagagem, fiquei pronto num instante. Antes de sairmos do quarto, os enfermeiros Lúcio, Maurício e Deise, Dr. Henrique e Dr. Renée vieram despedir-se. Agradeci as atenções, e eles prometeram visitar-me em meu novo lar.

Deixamos o hospital e ganhamos a via pública. Muito movimento de pessoas transitando de um lado para outro. Notei, entretanto, que eram bonitas, tinham fisionomias serenas, pareciam muito bem-dispostas e muitas sorriam para nós ao cruzarem conosco.

Os prédios, de arquitetura simples, denotavam bom-gosto e eram bem acabados. Havia muito verde e as ruas e calçadas eram extremamente limpas. Fiquei extasiado. Tinha lido as descrições que André Luiz fizera, por intermédio da psicografia de Francisco Cândido Xavier, mas "estar lá" era diferente. Diferente e excitante.

Pensando nisso, lembrei-me de perguntar:

- Como se chama esta cidade? Estou aqui há algum tempo e ainda não sei onde estamos.

- Não é uma cidade, no verdadeiro sentido do termo. É um Posto de Socorro, localizado próximo à crosta terrestre e chama-se "Céu Azul". Como tem crescido muito em virtude do aumento do número de recém-desencarnados vindos do Planeta, parece mesmo uma pequena cidade. E é assim que muitos se referem carinhosamente ao nosso Posto de Socorro: "Pequena Cidade" - respondeu Eduardo.

- É muito bonita! Mas, se é tão próximo assim da crosta terrestre, como o seu ambiente é sempre agradável? - perguntei curioso.

- Ah! Você não imagina o quanto de esforços são despendidos para que possamos ter esse ambiente agradável, a que se refere - falou Marcelo. - É preciso muita vigilância e oração para que o ambiente se mantenha inalterado. Não obstante, vez por outra ocorrem "tempestades vibratórias" com a aproximação de falanges de entidades ainda ignorantes e voltadas para o mal. Isso provoca o soar de uma sirene, conclamando toda a população ao trabalho ativo com vistas à manutenção da ordem e da paz.

- Lembro-me agora de que, da janela do meu quarto no hospital, eu percebia, à distância, um muro alto - comentei.

- Exatamente. Esse muro contorna todo o posto de socorro e faz a segurança da "pequena cidade".

- Ainda assim, Marcelo, acho estranho que o céu seja sempre azul e sem nuvens, se, como vocês afirmam, estamos próximos à crosta

- retruquei, fiel ao hábito de questionamento que sempre tivera.

- Bem, não "tão próximo" assim. Aqui as distâncias são difíceis de precisar. Estamos numa região de certa forma privilegiada. Existem postos de socorro em zonas bem mais densas do que a nossa, em que a atmosfera é sempre pesada, asfixiante, com neblina o tempo todo. Os irmãos que lá residem e trabalham têm muita dificuldade em manter o ambiente saudável e equilibrado.

- Compreendo - disse, respirando aliviado e agradecendo a Deus mentalmente por não estar "lá" e estar aqui, em Céu Azul.

Marcelo e Eduardo olharam um para o outro, rindo. Novamente, tinham "ouvido" meus pensamentos.

Após atravessarmos ruas e praças, fontes luminosas e belos complexos de prédios, chegamos defronte de uma casa simpática, localizada um pouco afastada da rua e com bonito gramado na frente.

- Chegamos. Seja bem-vindo, César Augusto. Este será seu novo lar - disse Eduardo abrindo o pequeno portão de acesso.

- É isso mesmo. Esperamos que você goste dele - completou Marcelo.

- Sei que vou gostar. Obrigado por tudo, gente. Vocês são verdadeiros amigos e vamos nos dar muito bem - afirmei emocionado.

Caminhamos pela calçadinha até a casa. Uma bela varanda com cadeiras convidava ao lazer. Eduardo abriu a porta e imediatamente ouvi risadas e uma salva de palmas. Não estava preparado para aquela recepção. Fiquei estático.

A sala estava repleta de jovens de todos os tipos e idades, que me fitavam sorridentes. Senti que realmente estavam felizes por eu estar ali.

Na parede li uma inscrição : "SEJA BEM-VINDO AO ABRIGO DOS DESCAMISADOS !"

Cheio de emoção contemplei a todos sentindo a bênção de estar ali. Deus fora pródigo comigo. Sabia que não merecia tudo isso.

E as lágrimas me desceram dos olhos sem que pudesse evitá-las, enquanto os novos amigos se aproximavam e me abraçavam quase que ao mesmo tempo.

6

COMITÊ DE RECEPÇÃO

O ambiente jovem e descontraído me fez esquecer a emoção da chegada. Todos riam, brincavam e falavam ao mesmo tempo. Fiquei um pouco atordoado, lembrando a época em que nos reuníamos, eu e meus amigos, quando ainda encarnado. O novo ambiente era bastante semelhante, porém mais saudável. Aqui não se ouviam piadas picantes, estórias escabrosas, críticas ou maledicências. Conquanto alegres e divertidos, os novos amigos mantinham o ambiente saudável e equilibrado.

Eduardo, ou Dudu, como muitos o chamavam, apresentou-me à patota, ao todo umas duas dezenas de jovens.

- Sei que é difícil guardar nomes e fisionomias de um momento para o outro, mas aos poucos irá conhecendo cada um em particular. Estão aqui representadas várias casas de jovens. Este é o Roberto, que nós chamamos de Betão, a Cíntia e a Sheila, que fazem parte do nosso " Abrigo". Logo ali estão o Fernando, o Paulo e o Maurício, que são do abrigo "Casa da Esperança". Mais adiante temos o Henrique, a Bianca e a Flávia, que representam o "Abrigo da Amizade". No outro lado da sala estão o Vítor, o Maneco, a Josiane e a Raquel, que fazem parte do Abrigo "Saudades da Mamãe".

E assim, fui sendo apresentado a cada participante da reunião, e, a cada nome, o respectivo dono levantava a mão, fazia um gesto ou dava um sorriso, acrescentando palavras de boas-vindas.

Quando terminou a apresentação, senti-me na obrigação de dizer alguma coisa. Como nada me ocorresse na hora, exclamei:

- Puxa, quanta gente!

Foi uma risada geral. Eduardo completou:

- E não estão todos aqui. Muitos se acham em horário de serviço e não puderam comparecer.

Mais descontraído, consegui alinhavar algumas palavras de agradecimento:

- Olha, gente, nem sei como agradecer a acolhida gentil e fraterna de vocês. Muito obrigado.

O Betão, que parecia ser o mais irreverente, falou com sua voz possante:

- Não se preocupe. Daremos um jeito. Vai ter que trabalhar também.

Novas risadas. Parando de rir, fitei a faixa na parede e perguntei:

- Por que "Abrigo dos Descamisados"?

Agora mais sério, Marcelo explicou:

- Não vai aí nenhuma crítica sócio-política e cultural, como você poderia pensar, chegando da Terra, onde a conotação nesses termos seria a normal. Não. É um nome carinhoso que foi dado por aqueles que fundaram esta Casa, pensando na situação de extrema indigência espiritual com que todos, de um modo geral, aportamos à Espiritualidade. Somos todos "descamisados", necessitando do amparo e da assistência desses amorosos e pacientes orientadores espirituais, mensageiros de Jesus, que nos recebem e reeducam na Realidade Maior.

- Todos passamos por dificuldades de vulto ao fazermos a grande viagem - considerou Vítor, melancólico, provavelmente recordando a própria experiência.

Henrique, moreno de cabelos lisos e olhos expressivos, ponderou:

- Dificuldades que seriam muito menores, Vítor, se tivéssemos conhecido a realidade da verdadeira vida, quando ainda na carne.

- Não necessariamente - falou Raquel. - O simples fato de termos conhecimento não nos dará vantagens especiais. Aprendemos aqui que é o exemplo que conta.

- Concordo com a Raquel - disse Fernando. - Sou bem um atestado disso. Não apenas sabia da imortalidade da alma, enquanto encarnado, mas era de família espírita; foi-me propiciado farto conhecimento, que não aproveitei. Desejava só "curtir a vida" e me dei mal. Tinha dinheiro e, pelo excesso de facilidades, acabei me envolvendo com drogas, vindo a perder a vida num acidente de moto, quando estava "viajando".

Fez uma pausa e completou, em meio ao silêncio

respeitoso dos demais:

- No meu caso, tive o conhecimento e não aproveitei. De que me valeu?

Uma vozinha mansa falou num sussurro:

- Sempre vale, Fernando. O conhecimento é uma sementinha que fica latente, muitas vezes, para germinar mais tarde.

Apesar da seriedade com que essas palavras eram ditas, foram saudadas com comentários e palmas.

- Ela falou! Ela falou! - exclamou em voz alta o Betão.

Como notasse a minha estranheza, o companheiro explicou, enquanto todos os olhares se voltaram para a garota que falara e que se avermelhara de vergonha:

- César Augusto, esta é a Sheila. Ela é suave como o vento e mansa como a brisa. Você teve uma oportunidade rara de ouvir-lhe a voz. Isso não acontece com freqüência!

Todos riram e olhei preocupado para a menina. Pensei em como se sentia sendo alvo da brincadeira do seu irreverente amigo. Notei, contudo, que ela não estava chateada e mantinha a serenidade, acostumada por certo àquelas brincadeiras.

Uma voz com forte sotaque carioca soou, mudando o rumo da conversa:

- Vocês todos tiveram existência tranqüila! E eu, que morando no Rio de Janeiro tive que conviver, além de todos os problemas normais da vida, com a violência? Meu pai estava sempre bêbado e desempregado, minha mãe preocupada com os irmãos menores. Tive que, desde cedo, lutar pela subsistência, enfrentando todo tipo de ambiente e temendo a violência que campeava solta no morro. Por fim, fui atingido por uma bala perdida num confronto entre a polícia e os traficantes, praticamente sem ter vivido. Nada estudei, quase nada aprendi. A única coisa que me dava prazer era participar da escola de samba. Tinha facilidade para compor músicas e, se não tivesse morrido tão cedo, teria tido um lugar certo entre os compositores da escola quando fosse mais velho - considerou Maneco Siqueira.

- E como veio parar aqui, tão distante? - interroguei.

- Bem, para o espírito não existe distância. Aqui, vigora o

princípio da afinidade, segundo aprendi. Mas, a verdade é que, após minha morte física, não quis mais ficar perto da família, vendo suas dificuldades e participando de suas brigas. Resolvi dar um basta ao perceber que aquilo não iria me ajudar em nada. Saí perambulando e, por muito tempo vaguei sem destino, até que acabaram me trazendo para esta " praia".

Todos ouviam comovidos o relato do companheiro, quando alguém perguntou:

- E você, César, que está chegando agora à Espiritualidade. Qual é a sua história?

O grupo todo me fitava aguardando a resposta e, conquanto um pouco inibido, comecei a falar:

- Minha história é parecida com a do Fernando. Também sou de lar espírita e tive acesso a conhecimentos que teriam mudado minha existência, se tivessem sido aproveitados em época oportuna. No entanto, Deus se incumbiu de chamar-me à ordem através da dor. Tive câncer, que, de uma perna espalhou-se pelo corpo todo, e desencarnei após alguns meses curtindo a cama. Foi um período muito bom em que aprendi bastante, me preparando para o momento de ter que encarar a grande viagem. É só.

- Você não deve ter passado pelas zonas inferiores, então? - indagou Bianca.

- Acredito que não. Quando despertei estava num quarto de hospital - respondi.

- Sortudo! Então não sabe o que é sofrimento - anotou Flávio.

Alguém apelou, mudando o rumo da conversa:

- O papo está muito sério, gente! Vamos alegrar um pouco o nosso ambiente. Betão, pegue o violão.

- Isso mesmo. Vamos cantar.

Num instante, notas musicais soaram na sala e ouvi, cheio de emoção, músicas belíssimas que, através das suas letras, elevavam a vibração do ambiente produzindo indizível bem-estar.

Ao som de afinadas vozes, agradeci a Jesus estar ali, naquele momento, junto a tantos novos e simpáticos amigos.

7

VOLTANDO A SER ESTUDANTE

Assim teve início a minha nova vida. Um mundo diferente e cheio de surpresas a cada passo. Tudo era aprendizado na Espiritualidade, e não me cansava de admirar as novas condições da vida a que fora chamado a integrar.

Reconheci que, apesar das informações que trouxera na bagagem e que muito me auxiliaram, ainda assim a diferença era muito grande. A distância entre o conhecimento e a vivência é expressiva e a realidade nos mostra, na prática, que não se sabia absolutamente nada.

Aos poucos fui me adaptando e fortalecendo. O organismo espiritual estava bastante desgastado, necessitando de terapias de "reconstrução", se assim posso me expressar.

Por alguns dias ainda permaneci em repouso, recebendo visitas de pessoas amigas e parentes. Após me sentir mais bem-disposto, passei a acompanhar os companheiros em algumas atividades, como passeios e palestras.

Vez por outra tinha "recaídas" - ocasiões em que retornava ao leito - em virtude de apelos dos familiares encarnados e que me atingiam vibratoriamente, causando inquietação, angústia e mal-estar. Outras vezes, não conseguindo desligar-me dos afetos que deixara na Terra, lembrava-me de fatos e situações, diálogos com amigos, que me remetiam ao passado recente. Retornava mentalmente ao período em que estivera enfermo, passando a acusar um recrudescimento das dores e do desconforto que sentira então.

Os amigos, inclusive os médicos, Dr. Renée e Dr. Henrique, e a irmã Clara, faziam-se presentes e me auxiliavam a vencer essa etapa mais dolorosa da vida no além-túmulo, proferindo orações e transmitindo-me energias através do passe.

Uma noite em que estávamos admirando o céu estrelado e trocando idéias na varanda, onde cada um falava das suas atividades, manifestei o desejo de também fazer alguma coisa:

- Estou gostando muito daqui; contudo, sinto falta de movimento. Gostaria de fazer alguma coisa útil, como vocês.

Eduardo olhou para Cássio e Marcelo com ar de entendimento e sorriu:

- Ótimo. Significa que já está bem. Geralmente esperamos que o desejo de cooperar ativamente parta da própria pessoa, uma vez que somente nós mesmos conhecemos as nossas condições íntimas. Além do mais, o respeito ao livre-arbítrio aqui é uma realidade. Amanhã logo cedo, se desejar, poderemos conversar com nosso orientador.

Naquela noite não conseguia conciliar o sono. O quarto, que compartilhava com Cássio, conservava-se no mais absoluto silêncio. Todos já se haviam recolhido, só eu continuava acordado.

Certamente ouvindo meus pensamentos e compreendendo meu estado de espírito, Cássio, após algum tempo, ponderou:

- Está preocupado com a entrevista de amanhã, não é?

- É. Estou tenso e ansioso.

- Acalme-se, César. O assistente-orientador é excelente criatura, como todos os demais. É simples e amável.

- Ainda assim, fico ansioso. Será que tenho condição de fazer alguma coisa?

Cássio acalmou meus receios:

- Meu amigo, você não será submetido a nenhum teste de competência. Esqueça-se do medo que antecedia as provas na escola. Nossos "maiores" o conhecem muito mais profundamente do que você possa imaginar e sabem o que pode fazer. "A cada dia basta o seu mal" - ensinou Jesus. Não devemos sofrer antecipadamente. Durma tranqüilo. Aqui, acima de tudo, somos todos irmãos, e tenho certeza de que você gostará muito do nosso orientador.

Suas palavras surtiram o efeito desejado e, após fazer uma prece, adormeci profundamente.

No dia seguinte, logo cedo, Eduardo e eu saímos do Abrigo e nos dirigimos para o local onde iríamos encontrar o orientador.

As ruas estavam repletas; muita gente passava apressada

rumo às atividades diárias. Não pude deixar de notar a semelhança com o mundo material.

- Exatamente - concordou Eduardo. - Aqui, como na Terra, todos trabalham. Só que, na Espiritualidade, existe uma consciência maior das próprias necessidades e dos deveres que competem a cada um, o que não acontece na crosta planetária, em que muita gente desocupada se aproveita dos que trabalham com seriedade. Aqui, os "chupins" não encontram campo. Ou melhor, nem vêm para cá. E não me refiro aos que não trabalham por falta de emprego, naturalmente. Refiro-me aos que, realmente, não gostam de serviço e vivem à custa do semelhante.

Passamos por conjuntos arquitetônicos de grande beleza, apesar da simplicidade e pureza de linhas, praças bem cuidadas, templos religiosos. Aproximando-nos de um prédio, baixo e comprido, no meio de belo jardim, Eduardo informou:

- Estamos chegando. É ali o nosso departamento.

Logo estávamos percorrendo os longos corredores de acesso a uma infinidade de salas amplas e confortáveis.

Numa sala de espera, Eduardo dirigiu-se a uma senhora, que fazia as vezes de secretária, expondo-lhe a razão por que estávamos ali e a necessidade de falar com o assistente.

Com bonomia, a senhora respondeu:

- O assistente os aguarda. Podem entrar.

Surpreso, pois não esperava tal facilidade, entramos na sala.

O recinto, claro e arejado, era simpático e acolhedor. Na decoração, percebia-se bom-gosto e singeleza, como de resto era tudo o que já tinha visto no Plano Espiritual. Os móveis eram práticos e funcionais, e as cortinas, alvas e transparentes, agitavam-se à brisa matinal, descortinando o verde do jardim lá fora.

Sentado atrás de uma mesa, um senhor de meia-idade nos recebeu, risonho. Ao olhar aquele homem - cabelos grisalhos, expressão suave e serena, olhos claros -, senti uma emoção profunda. Lembrava-me de tê-lo visto algumas vezes em meu quarto de doente, enquanto encarnado.

Levantou-se, cumprimentando-nos:

- Sejam bem-vindos. Eu os aguardava.

Eduardo apresentou-me:

- César, este é o nosso orientador, assistente Matheus.

- Acho que já nos conhecemos. Só não sabia o seu nome - murmurei.

- É verdade. Como está se sentindo aqui na nova vida, César? - perguntou-me ele.

- Muito bem. Não sei como agradecer a gentileza de todos.

Demonstrando a necessidade de aproveitar o tempo, o assistente entrou logo no assunto, considerando:

- Estou a par do que os trouxe aqui. Deseja fazer algo de útil, não é? - disse, dirigindo-se a mim.

- Sim. Estou recuperado e gostaria de trabalhar, colaborando em algum setor em que pudesse ser de alguma utilidade.

- Muito bem. Normalmente, iniciamos por um curso em que os recém-chegados possam se informar de tudo o que se refere à vida no além-túmulo, preparando-se para futuras tarefas. O que acha?

- Perfeito. Gostaria muito.

- Ótimo. Então, Eduardo o encaminhará para o Curso de Preparação para Iniciantes, que é ministrado todos os dias pela manhã.

Agradecemos e despedimo-nos, dirigindo-nos a uma outra sala, mais adiante, onde me matriculei no referido curso.

Cheio de contentamento, ganhamos a rua novamente. Estava tranqüilo e aliviado. Todo o medo que sentira na noite anterior havia desaparecido.

Percebi que, na Espiritualidade, tudo se faz sem traumas e com simplicidade. Entendi a observação de Cássio quando afirmara: “Aqui, acima de tudo, somos todos irmãos.”

8

A HISTÓRIA DE EUSÉBIO

Na manhã seguinte, Eduardo me acompanhou até o local onde seria ministrado o curso, uma das salas daquele mesmo prédio em que fizera a matrícula.

Apresentou-me ao instrutor, velho amigo seu, que nos recebeu com demonstrações de amizade.

- Irmão Eusébio, este é o César Augusto, recém-chegado da crosta planetária e que deseja assistir às suas aulas.

Estendendo-me a mão, sorridente, o instrutor afirmou:

- Estava informado da sua presença, meu jovem. É um prazer imenso recebê-lo em nosso convívio. Iniciamos hoje um novo grupo e espero que o curso seja de muito proveito para todos.

Fez uma pausa e, dirigindo-se para meu acompanhante, convidou:

- Eduardo, vamos iniciar a aula. Deseja participar?

- Impossível. Gostaria muito, contudo tenho compromissos inadiáveis - respondeu, e, batendo amigavelmente em meu ombro, despediu-se: - Deixo-o em boa companhia, César. Até mais tarde.

Conversando, penetramos no salão, onde umas cinco dezenas de criaturas se encontravam, aguardando. Eusébio, atento ao horário, iniciou a reunião com uma prece e, em seguida, dirigiu algumas palavras de boas-vindas à assistência.

Olhei ao redor e percebi que, de um modo geral, estavam todos um pouco deslocados, como eu. Somente agora tinha oportunidade de observar melhor os colegas de curso. Olhando em torno deparei com gente de todas as idades e notei que estavam preocupados, tensos, com a nova situação.

Nesse exato momento, o instrutor falava sobre a necessidade de nos conhecermos melhor, uma vez que durante algum tempo conviveríamos mais intimamente uns com os outros.

- Para isso, a primeira aula reservo sempre para um relacionamento entre os participantes, o qual, além de permitir maior integração do grupo, dará a todos excelentes subsídios sobre as vivências de cada um, com proveitoso aprendizado. A partir de agora, estejam à vontade. Conversem, troquem idéias e experiências.

Descendo do tablado, Eusébio encaminhou-se para o meio da assistência. Iniciou ele mesmo o diálogo com algumas pessoas, deixando todos à vontade. Logo, conversávamos animadamente fazendo novas amizades e obtendo preciosas informações.

Quando terminou o horário, ficamos surpresos. As horas passaram muito rápido e nem percebemos que havíamos gasto três horas a falar e a ouvir.

De todas as experiências que ouvi naquela manhã, uma coisa ficou patente: a perfeição da Justiça Divina, que dá a cada um segundo suas obras. Ninguém é injustiçado, todos recebem exatamente aquilo a que fazem jus.

A partir daquele dia, nos reuníamos todas as manhãs para estudar assuntos de grande relevância na nova vida, como a importância das vibrações, a força do pensamento como fonte criadora, a necessidade do equilíbrio mental, a saúde integral, o livre-arbítrio, a lei de ação e reação, a reencarnação, os relacionamentos familiares, o amor e o sexo, entre outros.

Aos poucos a gente ia-se modificando, adquirindo uma outra visão, mais ampla e consciente, a respeito das pessoas, das coisas e dos fatos. Passamos todos a compreender melhor o problema do próximo, a necessidade do perdão e a importância de não guardarmos mágoas ou ressentimentos.

A imortalidade da alma era novidade para muitos colegas que ali estavam, visto terem passado a existência terrena completamente desligados de qualquer idéia religiosa, conforme afirmaram durante as aulas. A comunicabilidade entre os dois mundos, então, causou perplexidade em muitos.

Uma senhora baixinha e muito branca, de olhos arregalados e cabelos ralos, não se conteve e asseverou:

- Sempre fui muito religiosa e participante, mas o padre afirmava que as almas não podiam voltar à Terra. Que era tudo superstição!

Eusébio esclareceu com serenidade e firmeza:

- Sim, minha irmã. Contudo, não podemos jogar a responsabilidade apenas sobre as outras pessoas. É questão de busca pessoal. Na verdade, Romilda, as coisas teriam sido diferentes se você tivesse se preocupado em usar a cabeça para pensar, buscando informações. O sacerdote orientou errado - fiel ao seu ponto de vista -, porém os fatos da vida indicavam essa realidade que você teimou em não ver. Em todos os lugares, em todos os lares, a presença da Espiritualidade se fazia patente, através dos fenômenos mediúnicos. Bastaria que quisesse ter olhos de ver, como assegurou Jesus.

A dama em questão baixou a fronte, concordando:

- Sim, Irmão Eusébio, tem razão. Dentro da minha própria casa tive um exemplo disso. Meu filho, desde a infância, via "almas do outro mundo" e, quando ele contava, eu não acreditava, acusando-o de estar inventando tudo.

Eusébio ouviu com serenidade, e percebi que ele estava a par do fato. Continuando, o instrutor considerou:

- De modo geral, quando encarnados agimos assim. Também eu não agi de outro modo.

Fez uma pausa, fitando os alunos e, como se buscasse na memória os acontecimentos passados, narrou:

- Na minha última existência na Terra, fui religioso. Meus pais tomaram a decisão de entregar-me a Deus e, ainda muito jovem, fui para um mosteiro. Como não tivesse vocação para o sacerdócio, tornei-me um péssimo religioso. A mensagem de Jesus estava apenas na boca, não no meu coração. Galguei altos postos dentro da Igreja, utilizando-me da política e da bajulação. Quando desencarnei, após quase quarenta anos de sacerdócio, não compreendia a situação com que me deparei. Exigia o céu a que tinha direito, segundo acreditava, após toda uma vida dedicada à religião e às minhas "ovelhas". Contudo, meu sofrimento era atroz. Em regiões inferiores, amarguei minhas faltas, rebelde e orgulhoso que era. Rancoroso, não perdoava àqueles que julgava culpados pela minha situação após a morte e a muitos outros pelo que me tinham feito em vida.

Ouvíamos atentos a exposição de Eusébio. Assistindo a suas

aulas, observando o conhecimento superior de que dava mostras e as qualidades morais que lhe exornavam a personalidade, jamais imaginaríamos que tivesse tido tantos problemas após a morte.

Fez uma pausa e, passando o olhar tristonho sobre a assistência, prosseguiu:

- Assim, liguei-me a bandos de espíritos vingativos, que prometeram ajudar-me em meus objetivos inferiores. Durante muito tempo permaneci nessa situação, aumentando cada vez mais meus débitos perante a Lei. Como tudo tem um fim, para mim também chegou a hora da verdade. Cansado de tanto sofrer e de fazer sofrer, lembrei-me de minha mãe e, assim, permiti a aproximação de entidades amigas que me resgataram. Com isso perdi mais de um século. Desde que fui resgatado, há cinquenta anos, procuro aprender e luto para vencer minhas imperfeições. Sei, contudo, que tenho um longo caminho a percorrer e que aqueles que prejudiquei no passado aguardam uma reparação.

Fazendo nova pausa, concluiu:

- Poderia dizer que desconhecia a mensagem de Jesus? Não, de modo algum. Nem tampouco a idéia da imortalidade da alma e da comunicabilidade entre os dois mundos. Apesar disso, vivi como se desconhecesse essas realidades; como consequência uma grande surpresa me aguardava do outro lado da vida. Culpei a todos, menos a mim mesmo, inconsciente da responsabilidade perante os próprios atos. Confiante em Deus, que é Pai de amor e bondade, aguardo nova oportunidade para resgatar meus erros. Sei, porém, que não terei facilidades.

Com essas palavras, o instrutor encerrou a aula. Nós, que tanto tagarelávamos durante as aulas, fazendo perguntas e questionamentos, permanecemos calados, meditando na experiência que nos fora relatada com tanta humildade.

9
CONHECIMENTO E CONSCIÊNCIA

Esse primeiro curso foi muito importante para todos nós que ali nos reuníamos todas as manhãs para aprender. Época de grande enriquecimento interior, em que refizemos velhos conceitos, libertamo-nos de antigos preconceitos, acrescentamos novos valores ao espírito.

Quando terminou, de desconhecidos passamos a amigos, cada um conhecendo os problemas do outro e torcendo pela sua vitória. As experiências foram riquíssimas em conteúdo, e aprendemos muito com os erros e acertos dos companheiros.

No último dia fizemos uma festa. Era a derradeira aula e confraternizamos à vontade. Que diferença do primeiro dia, em que estávamos todos tensos e preocupados, um bando de recém-chegados que se fitavam com estranheza e curiosidade.

O instrutor Eusébio falou-nos da importância de não nos determos nessas primeiras informações. Existiam outros cursos em que poderíamos nos inscrever, aprendendo sempre mais e nos credenciando ao trabalho ativo. E concluiu suas palavras:

- O trabalho é o mais eficiente remédio para nossos males. Todos estão em condições de fazer alguma coisa de útil. Lembrem-se de que a humildade é virtude que devemos sempre buscar e que toda atividade é nobre. Não sonhem com grandes tarefas. Deverão iniciar pelos labores mais simples, observando e aprendendo sempre, para se credenciarem a serviços mais complexos. Este Departamento estará orientando a todos. Particularmente, coloco-me à disposição para o que precisarem. Que o Senhor os abençoe!

Após uma prece simples e sem afetação que muito nos emocionou, Eusébio encerrou a reunião.

Cada um de nós seria encaminhado para áreas diferentes de auxílio. Ao término, acerquei-me do instrutor para dialogar, aproveitando uma folga que se fizera.

- Irmão Eusébio, ainda não sei o que vou fazer.

Fitando-me com aqueles olhos serenos que transmitiam tanta segurança, ele considerou:

- César, grande quantidade de jovens aportam à Espiritualidade completamente despreparados para a nova realidade. Já pensou nisso? Inconscientes do seu estado, sofrem muito pela ignorância sobre as coisas do espírito em que são mantidos enquanto encarnados. Gostaria de ajudá-los?

Como se uma luz se tivesse acendido em meio à escuridão, exclamei surpreso:

- Como fizeram comigo!

- Sim, de certa forma. Sua realidade, porém, era bem diferente da que normalmente vemos aqui. Você se preparou para a morte física através de uma enfermidade que foi um período abençoado. Grande parte dos jovens, contudo, desencarna violentamente, em acidentes ou pelo suicídio. Para esses últimos, o tratamento é diferenciado e o sofrimento depurador uma necessidade insuperável. Quanto aos outros, os acidentados, devem ser amparados na medida do possível, razão pela qual precisamos dos que estejam dispostos a colaborar na assistência e orientação nos primeiros tempos.

- Legal! Conte comigo. Gostei da idéia.

- Ótimo. Então, dirija-se à sala do assistente Matheus, onde receberá informações mais precisas.

Familiarizado com o prédio, movimentava-me agora com desenvoltura. Chegando à sala recomendada, encontrei uma dúzia de jovens que, como eu, desempenhariam a mesma função.

Satisfeitos por estarmos novamente reunidos, uma vez que fizemos muitas amizades no curso, aguardamos a chegada do orientador Matheus, que atendia dois senhores no seu gabinete particular.

Alguns minutos depois, ele apareceu, recebendo-nos com cordialidade e simpatia.

O recinto em que nos reunimos era simples, mas de muito bom gosto, com cadeiras dispostas em círculo. O assistente ocupou uma delas, integrando-se no grupo, como se fosse qualquer um de nós.

Percebi imediatamente que isso nos aproximava dele, diminuindo a distância que nos separava. Quando começou a falar, sem qualquer afetação, dirigindo-se a nós com simplicidade, sentimo-nos poderosamente atraídos por sua personalidade cativante.

Apresentou-se, solicitando a cada um dos presentes que assim procedesse, para que nos conhecesse melhor. Em seguida, deu liberdade para que fizéssemos questionamentos, expondo dúvidas e expectativas. A princípio, ficamos um pouco inibidos, mas, colocando-nos bem à vontade, não demorou muito e conversávamos como velhos amigos. Por minha vez indaguei:

- Matheus - falei simplesmente, pois ele desejava que o tratássemos sem cerimônia -, o nosso grupo era composto de muitos outros jovens. Por que nem todos se acham aqui?

- César, somos individualidades diferentes, com condições e níveis diferentes de entendimento e expectativas. Muitos não estão em situação de poder ajudar diretamente os que chegam desarvorados ao Mundo Espiritual. São espíritos que ainda não possuem conhecimentos específicos, apesar das informações recebidas. Existem também aqueles que nem muita vontade de trabalhar possuem. Já que estão aqui, querem descansar das canseiras da vida, como afirmam.

Trocamos olhares perplexos. Ignorávamos completamente essa realidade. Não me contive:

- Apesar de tudo o que aprendemos até agora?! Não posso crer!

- Pois é a pura verdade. As aulas que vocês tiveram deram-lhes conhecimento do funcionamento do Mundo Espiritual, das necessidades básicas do espírito, da importância do aprimoramento interior, para a conseqüente expulsão das imperfeições. Não lhes deu, entretanto, a consciência de tudo isso.

- Não é a mesma coisa? - perguntou Gilmar.

- Em absoluto. O conhecimento é informação que recebemos e assimilamos. A consciência é saber discernir o certo do errado, procurando fazer o melhor. Um exemplo disso é que sabemos que devemos perdoar e não perdoamos. Que precisamos nos reconciliar com os adversários mas, quando chega a oportunidade, não conseguimos vencer o ressentimento e a mágoa.

- Quando ainda na Terra - comentou uma garota de nome Márcia -, graduei-me em Química e sabia exatamente o mal que as drogas causavam ao organismo humano. Ainda assim, tornei-me tão dependente delas que não conseguia deixar o vício. O que me levou à morte por "overdose". Creio que meu caso ilustra bem a diferença entre o conhecimento e a consciência.

- Exatamente - concordou o orientador.

Logo outros exemplos surgiram, enriquecendo o assunto. O colega Horácio lembrou:

- Eu também sou um exemplo disso. Quando completei dezoito anos, papai presenteou-me com uma moto, que era o sonho da minha vida. Alertou-me para que tivesse cuidado, não saísse sem capacete, não corresse muito e tudo o mais. O jornal e a televisão sempre enfatizavam a necessidade de determinados cuidados, mostrando a realidade do trânsito em nosso país, em que grande quantidade de pessoas perdia a vida por imprudência, negligência ou imperícia. Além disso, eu era acadêmico de Direito e conhecia a responsabilidade perante os atos praticados, segundo a Lei.

Fez uma pausa e, fitando cada um de nós que o ouvíamos interessados, finalizou:

- Apesar de tudo isso, não ligava a mínima. O resultado é que acabei perdendo a vida num acidente, por excesso de velocidade.

- Também tenho uma experiência para contar e que é bastante triste - falou Heloísa. - Apesar de saber dos cuidados que se deveria ter nas relações sexuais, acabei ficando grávida. Como a gravidez era indesejada, optei por fazer o aborto, embora não ignorasse o perigo que isso representava para mim. Acabei tendo terrível hemorragia, num antro fétido e sem qualquer assistência médica. A "curiosa" que fez o serviço, apavorada com as conseqüências, arrastou-me até um matagal, deixando-me morrer sozinha. Além do crime que cometi contra mim mesma, estou ciente agora do crime perpetrado contra o filho que ia nascer e que me perseguiu durante muitos anos em regiões inferiores, revoltado.

A cada novo relato, compreendíamos ainda mais o problema do livre-arbítrio e da responsabilidade perante os próprios atos.

- Como podem ver - considerou Matheus -, não é conhecimento que nos falta, mas a consciência para poder aplicar esses conhecimentos que possuímos. Por isso, a mensagem de Jesus Cristo é de vital importância para todos nós, remetendo-nos à origem de nossos males e ensinando que "devemos fazer aos outros o que gostaríamos que os outros nos fizessem".

Como permanecêssemos calados, cada qual meditando nos próprios problemas, Matheus encerrou a reunião.

10

SHEILA

Nesse dia retornei para casa particularmente satisfeito. As coisas começavam a se delinear e já tinha tarefa programada.

Ao chegar contei a todos a novidade, e os amigos me cumprimentaram pelo progresso realizado.

- Agora - considerei - teremos treinamento específico sobre a área em que iremos atuar. Depois, começaremos a trabalhar.

- Muito bom, César. Fará parte do nosso grupo, então, pois atuaremos na mesma área - comentou Eduardo.

Sheila, que chegava naquele instante, estendeu-me a mão, fitando-me com carinho:

- Parabéns, César. Agora, mais do que nunca, estaremos juntos.

- Obrigado, Sheila. Vou precisar da experiência de vocês.

Os outros saíram. Iam entrar de serviço e não poderiam se atrasar. Ao perceber que ficáramos sozinhos, resolvi que aquela seria uma excelente ocasião para conhecer melhor minha amiga. Sentamonos na varanda, observando o céu, onde as primeiras estrelas surgiam. Sheila permanecia calada e eu a observava discretamente. Por fim, não me contive e indaguei:

- Sheila, sempre foi assim calada? Moramos na mesma casa e mal conheço a sua voz!

Ela sorriu, murmurando com serenidade:

- Isso o preocupa? Cada um de nós tem problemas próprios, César, que nos acompanham além-túmulo.

- Sei disso e peço desculpas. Porém, gostaria de conhecê-la melhor. Saber o que pensa, do que gosta, o que a torna feliz ou infeliz, entende?

- Claro. Não tenho segredos e também não fui sempre assim. Houve época, há muito tempo, em que gostava de festas, de alegria, divertindo-me a valer. Inconseqüente, magoei muitas pessoas. Era fútil e vaidosa, falava demais e caluniei muita gente. Retornando ao Plano Espiritual e ciente do que me competia realizar dentro de mim mesma, optei por tornar-me religiosa. Acreditava que, dessa forma, não teria chances de falhar novamente.

Fez uma pausa, olhando-me com aqueles olhos claros sob longas pestanas, e concluiu:

- Assim, reencarnei para servir à Igreja. Tornei-me freira. Como carmelita, falava pouco, não tinha contato com o mundo e não vivi. De certa forma foi útil essa existência, porque me deu a oportunidade de controlar melhor a língua. Contudo, tirou-me a bênção do convívio com as outras pessoas, onde realmente estão nossos problemas e desafios. Retornei ao mundo na última encarnação para tentar acertar e progredir, ao lado daqueles a quem tanto ferira no passado. Não teria, porém, muito tempo. Desencarnei jovem, mas consegui pagar um pouco das dívidas que fizera, sem contrair grandes débitos.

Ela se calou e eu completei:

- Ficou o hábito de falar pouco, como resquício da vida no convento.

- Exatamente. Agora tento o equilíbrio. Falar quando necessário e de forma construtiva, procurando ajudar e evitando ferir as pessoas.

- Como sabe tanta coisa do seu passado?

- Em virtude das dificuldades que encontrei aqui na Espiritualidade, foi-me permitido fazer uma regressão de memória, com o intuito de ajudar minha recuperação.

- Ah! Começo a compreendê-la melhor, Sheila, o que só aumenta minha admiração por você.

Sheila corou, constrangida, e, dando uma desculpa, foi para o seu quarto.

Continuei ali, meditando em tudo o que ouvira e reconhecendo ainda uma vez que nada acontece por acaso.

Recolhi-me também, satisfeito intimamente por sentir que depois daquela conversa ficáramos um pouco mais amigos.

Na manhã seguinte, saí cedo para o novo aprendizado.

Foram aulas muito importantes que nos ajudaram a entender melhor as outras pessoas e, especialmente, os recém-chegados, necessitados de ajuda.

Além das aulas teóricas, tínhamos aulas práticas em que nos encaminhávamos ao hospital para entrar em contato com os que chegavam. E aí pudemos perceber de forma muito nítida o problema das ligações vibratórias entre encarnados e desencarnados.

Um rapaz causou-nos imensa piedade, certa vez. Fora recolhido em triste situação e meio dementado. Sofrera um acidente de moto e estava com a cabeça fraturada, a perna e o braço direitos meio esmagados pela roda do caminhão com que colidira; roupas rasgadas e todo ensangüentado. Dormia e, a espaços regulares, estremecia todo, agitando-se e gemendo dolorosamente. Ao mesmo tempo, parecia ouvir chamados, porque murmurava:

- Quem me chama? Estou indo. Não chore, mamãe. Não chore, papai. Socorro! Socorro!

Os enfermeiros corriam para o lado do leito e procuravam contê-lo, impedindo-o de levantar-se.

Matheus, penalizado, passou a mão sobre a cabeça do rapaz, convidando-nos:

- Oremos. Aplicarei um passe para tranqüilizá-lo.

Concentramo-nos. Alguns minutos após a transmissão de energias calmantes, o enfermo serenou, dormindo profundamente.

- Como podem ver, os danos do pensamento desequilibrado dos encarnados são flagrantes. O conhecimento da vida espiritual, da realidade após a morte física, dá uma confiança e uma serenidade que dinheiro nenhum pode comprar. O nosso irmão sofrerá ainda por um bom tempo a ação deletéria da mentalização doentia dos familiares encarnados, até que o tempo se incumba de acalmar-lhes a dor, trazendo um pouco de esquecimento. Somente, assim, o infeliz rapaz gozará de mais tranqüilidade. Retornaremos aqui amanhã para ver como está.

Passamos para outro leito, mas continuei preocupado com o recém-chegado. No dia seguinte ao chegarmos, uma surpresa. O enfermeiro notificou-nos que, apesar de todos os cuidados, ele se evadira.

Desculpando-se, explicou:

- Estávamos muito assoberbados de serviço e com falta de pessoal. Chegaram mais três pacientes e os atendíamos, quando o rapaz entrou em crise e não pudemos contê-lo. Saiu em desabalada carreira, desaparecendo de vista.

- E agora? - indagou Gilmar, como o porta-voz da apreensão do grupo todo.

- Agora - considerou Matheus com serenidade - retornará para o lar terrestre completamente dementado e sem saber o que está acontecendo, e irá pesar na economia psíquica dos familiares encarnados, que o atraíram com seus apelos e aos quais ele se liga por laços de profundo afeto, até que tenha condições de ser ajudado novamente.

- Nada podemos fazer? - indaguei penalizado.

- Por ora, não. Vamos aguardar. De qualquer forma, não estará desamparado. Amigos e familiares desencarnados velarão por ele.

Mais do que nunca agradeci a Deus a oportunidade que me concedera de ter nascido em lar espírita. A compreensão e ajuda dos pais, familiares e amigos, fora de capital importância para minha recuperação, ajudando-me extraordinariamente a superar as dificuldades que teria, fatalmente, na vida espiritual. Não fosse a fé profunda em Deus, a certeza de que a morte não existe e que a imortalidade da alma é uma realidade, provavelmente teria eu tido os mesmos problemas do desventurado rapaz que fugira do hospital, deixando uma situação segura e confortável pelas incertezas de caminhar sozinho pela Espiritualidade, sujeito a toda sorte de perigos.

11

RETORNO AO LAR

As atividades eram intensas. Entre as aulas teóricas e o aprendizado prático tínhamos pouco tempo para outras coisas. Descansávamos apenas o necessário e quase não tinha oportunidade de encontrar os amigos, visto que nossos horários não coincidiam.

Às vezes batia no peito uma saudade muito grande do meu lar, dos meus pais, dos irmãos e dos sobrinhos. Tinha desejo de visitá-los, de rever os amigos encarnados, mas não ousava tocar no assunto, consciente de que nossos maiores sabiam o que era melhor para mim.

Algumas vezes recebia visitas da Terra. Eram momentos breves, mas de muita significação, especialmente para mim, porque os visitantes encarnados nem sempre estavam conscientes do que estava acontecendo.

De outras vezes "sonhava" com eles. Via-me dentro de casa, conversando com minha mãe, outras vezes com meu pai, trocando idéias e tranqüilizando os familiares tão necessitados de consolo.

Dialogando com o assistente Matheus, certa ocasião, perguntei a ele o que acontecia realmente.

- É simples - informou-me. - Você realmente vai até lá.

Espantado, retruquei:

- Como assim? Eu continuei aqui! Não me afastei do meu quarto.

- Vejamos. Quando o espírito está encarnado, César Augusto, o corpo adormece e o espírito fica livre, não é assim?

- Sim. O espírito ganha o espaço e vai para qualquer lugar, de acordo com sua vontade e com suas condições, viver a vida espiritual.

- Exatamente. Após a morte física, ocorre o mesmo fenômeno.

- Mas é diferente! Enquanto na Terra, isso aconteceu muitas vezes comigo, mas existia o corpo de carne que ficava, enquanto o espírito se desprendia.

- É uma questão de densidade apenas. Você está esquecido do corpo espiritual ou "perispírito", segundo Allan Kardec, que envolve o "ser inteligente" ou espírito.

Abri a boca para retrucar, Matheus porém fez uma pausa e considerou:

- Sim, sei que você não ignora a existência do perispírito, contudo suas informações são limitadas. Apesar de algumas pesquisas pioneiras e de grande seriedade que se realizam na Terra, o corpo espiritual ainda é um grande desconhecido, havendo muito para se aprender sobre ele. É um universo todo que precisa ser desvendado e, aos poucos, o véu que encobre essa realidade vai sendo descoberto. Uma das coisas que se sabe é que ele é formado de diversas partes, que se separam em determinadas circunstâncias.

Com os olhos arregalados exclamei:

- Ah! Então, deixei uma parte do meu perispírito no leito e outra parte foi fazer a visita?

- Correto. A parte mais "grosseira" do corpo espiritual, digamos assim, ficou aqui, enquanto a parte mais etérea, o corpo mental, desmembrou-se e foi em busca dos seus interesses. No caso, o lar terreno.

- Puxa! Nunca iria imaginar que isso pudesse acontecer. É fascinante! A cada dia descubro novas coisas e adquiro novos conhecimentos. A vida na Espiritualidade é uma caixinha de surpresas.

Matheus riu da minha perplexidade.

- É isso mesmo, César. E por mais tempo que aqui permaneçamos, sempre teremos o que aprender. Eu mesmo, que estou na Espiritualidade há dezenas de anos, não deixo de me surpreender ante determinados conhecimentos.

Fitou-me e completou com expressão de profunda compreensão:

- Quanto ao seu íntimo desejo de visitar o lar terreno, tenha certeza de que está mais perto do que você imagina. Tenha paciência e aguarde.

Agradeci comovido, reconhecendo o carinho e as atenções de que era cercado pela entidade amiga.

Certo dia, afinal, recebemos o convite:

- Preparem-se. Amanhã faremos uma excursão de estudos à crosta planetária.

Foi uma explosão de alegria em todos nós. Aquele dia recebemos recomendações especiais de como nos comportar perante a nova situação que iríamos vivenciar. Afinal, era a primeira vez que faríamos uma visita aos encarnados.

Naquela noite nem consegui dormir direito.

No dia seguinte nos reunimos e, após uma oração em conjunto suplicando ao Mestre nos amparasse na tarefa, tomamos o veículo que nos conduziria à Terra - uma mistura de ônibus e de avião -, muito confortável mas sem janelas, para nossa decepção.

Pouco tempo depois percebemos que o veículo estacionara. A porta abriu-se e descemos. Para minha surpresa reconheci o lugar. Era minha cidade, onde vivera toda a minha vida. Estávamos defronte de uma construção simples, na qual reconheci a Casa Espírita do nosso bairro, a Sociedade Espírita Maria de Nazaré, que meus pais freqüentavam.

Vista da Espiritualidade, contudo, ela diferia muito. Percebia a parte material, acanhada e humilde; sobrepunha-se a ela, porém, uma outra construção bem maior, mais bela e iluminada, apesar da luz solar.

Entramos. Logo à porta fomos saudados por entidades amigas e servidores da Casa, que nos deram as boas-vindas.

Comovido, percorri as dependências que eu conhecera enquanto encarnado e que me trouxeram profundas e agradáveis lembranças.

Ali ficaríamos hospedados enquanto durasse a excursão.

O dirigente era uma entidade de elevada hierarquia, segundo pude perceber, pela nobre expressão e serena autoridade. Matheus apresentou-nos. Eu já o conhecia de nome. Era Jésus Gonçalves, o "Apóstolo de Pirapitingui", que fora hanseniano na última encarnação.

Nosso orientador conversou com o responsável pela direção dos trabalhos, que informou:

- Está tudo programado conforme combinamos. Salvo algum imprevisto, tudo sairá a contento. Logo começaremos a reunião.

Matheus reuniu o nosso grupo e, virando-se para mim, informou:

- César Augusto, você terá a oportunidade de dirigir algumas palavras para sua família. Não foi informado antes porque não queríamos causar-lhe ansiedade inútil, sem saber se o cometimento seria possível ou não. Agora já sabemos. Está confirmada a possibilidade. Aceita?

Com o coração a saltar pela boca, mal podia acreditar em tamanha felicidade. Claro que aceitei. Era o que mais desejava!

Fitando os outros membros do grupo, esclareceu:

- Não pensem que vai aqui qualquer sentimento de favoritismo. A oportunidade surgiu para César Augusto por várias razões, como a vinculação que existe entre os irmãos Alcides e Elvina, seus genitores, e a Casa Espírita que nos alberga; a ligação entre a médium e os pais do César, e, principalmente, a afinidade existente entre a médium encarnada e o comunicante desencarnado. Esta é uma experiência nova para vocês e quero que prestem bastante atenção. Todos terão sua vez, no tempo devido.

Os companheiros do grupo demonstraram compreensão, sem qualquer resquício de inveja. Ouvi um uníssono:

- Boa sorte!

12

A MENSAGEM

Alguns minutos depois a médium chegou. Acompanhamos sua prece e ouvimos a leitura de uma página de "O Evangelho Segundo o Espiritismo". Em seguida, ela concentrou-se e recebi a permissão para acercar-me da mesa.

Havíamos estudado como o fenômeno psicográfico ocorria, mas a teoria na prática é outra, como já disse alguém, e eu estava muito tenso.

Jésus Gonçalves falou-me com delicadeza e serenidade:

- Não tema, César. Tudo sairá bem. Deixe seu pensamento fluir à vontade, diga o que deseja e, sobretudo, vista suas palavras de confiança, consolo e esperança.

Agradeci ao querido amigo a generosidade e a paciência que estava tendo comigo, "debutante" nesse tipo de atividade.

- Aproxime-se mais - disse-me. - Não tenha receio.

Assim que cheguei mais perto, percebi que a médium, um pouco fora do corpo, sorria para mim. Cumprimentei-a e perguntei, delicadamente, se poderia escrever por seu intermédio, ao que ela aquiesceu.

Assim, mandei minha primeira mensagem aos meus pais, sob intensa emoção que não conseguia evitar. Chorei muito.

Aos poucos fui deixando-me envolver pelos fluidos da amiga que acedera gentilmente em ser intermediária entre o plano físico e o espiritual, envolvendo-a igualmente com minhas vibrações de modo que ela sentia tudo o que eu sentia e chorava como eu chorava.

Ao terminar, fui cumprimentado pelos companheiros. Todos estávamos satisfeitos.

Depois, acompanhei a médium quando se dirigiu à nossa casa para entregar a mensagem aos meus pais. Os companheiros ficaram na Casa Espírita e apenas o orientador Matheus foi junto.

Chegamos. Tudo parecia como antes. A não ser por um certo ar de desolação e abandono, nada mudara. A primavera, na calçada, continuava florida.

D. Célia abriu o portão e entramos. Quantas lembranças afloravam-me à mente!

Não contendo a impaciência, fui entrando, enquanto eles aguardavam que alguém atendesse à porta.

Foram momentos de muita emoção este primeiro reencontro com os que deixara na Terra.

Logo ao entrar percebi minha mãe sentada, na sala, entregue a si mesma. Seu aspecto abatido e desanimado sensibilizou-me. Notei que seus pensamentos dirigiam-se a mim, seu filho, de quem ela sentia muita falta.

Desejei transmitir-lhe todo o meu carinho. Aproximei-me, envolvendo num abraço minha mãezinha Elvina, com imenso amor, aquele amor que permanecia mais forte do que nunca e que jamais terminaria, porque a morte não existe e os afetos continuam cada vez mais vivos.

- Mamãe, eu estou aqui. Deus é muito bom e permitiu-me fazer-lhe uma surpresa. Tenha confiança.

Nisso, ela ouviu as batidas na porta e foi atender.

Sentindo minha presença, recebeu da amiga a mensagem que eu enviara.

Lemos juntos, profundamente emocionados e envolvidos nas mesmas vibrações de amor e paz.

Agradeci a Deus a oportunidade que estava me concedendo, o amor que existia entre nós e a própria VIDA, que continua atuante em todos os quadrantes do Universo.

Permanecemos alguns dias entregues às tarefas que nos estavam afetas e eu estava sempre em casa, matando as saudades de todos.

Ao retornar, todos nós tínhamos a certeza de que jamais esqueceríamos essa experiência. Os dias passados em contato com os irmãos encarnados foi de grande proveito. Sentíamo-nos ligados a esse grupo espírita por laços de grande afeto e simpatia e desejávamos continuar trabalhando com eles, especialmente com o grupo de jovens da Mocidade Espírita "Cairbar Schutel".

13

ATIVIDADE SOCORRISTA

Terminei o curso que estava fazendo. Agora, mais preparado, continuava estudando e trabalhando ao mesmo tempo. Como era do nosso interesse, prosseguíamos participando do grupo de jovens da Sociedade Espírita Maria de Nazaré, afinados com seus ideais. Diga-se de passagem que essa mocidade espírita era a mesma que eu não quisera freqüentar enquanto encarnado, correndo como estava atrás de interesses diversos, esportes e prazeres.

Agora, contudo, era diferente. Despertara para outras realidades e o esforço daqueles moços em adquirir conhecimentos e procurar a reforma interior nos tocava profundamente. Passamos a colaborar com eles, ajudando-os em tudo o que estivesse ao nosso alcance, estudando juntos e trocando informações.

Também tínhamos outro objetivo. Esse, mais pessoal. Desejávamos ficar mais perto de nossos familiares. Assim, no dia convencionado para a reunião, fazíamos uma caravana e demandávamos à Terra, cheios de entusiasmo. Do grupo participavam também muitas crianças destinadas à Evangelização Infantil que, eventualmente, visitavam seus lares.

No mais, a nossa vida continuava a mesma. Nessa época eu freqüentava o curso "Pensamento e Sintonia", auferindo grande aproveitamento.

Vez por outra o nosso grupo era modificado em virtude da saída de alguns integrantes e do ingresso de outros. Porém com os que ficavam, os laços afetivos tornavam-se cada vez mais apertados.

Afeiçoara-me de modo especial a Marcelo, Eduardo e à doce Sheila, que a cada dia me cativava mais.

Um dia recebemos um comunicado urgente de nosso

orientador. Era uma emergência. Eduardo, Marcelo e eu atendemos com presteza. Sheila estava afastada do grupo nessa ocasião, cumprindo um estágio em outro local de atendimento, para o qual se candidatara.

Logo estávamos a caminho da crosta planetária. Matheus informou apenas que era alguém necessitado de atendimento, sem maiores detalhes, uma vez que, imbuídos do sincero desejo de prestar socorro, não nos interessava saber a identidade do assistido. Percebi que nos encaminhávamos para minha cidade. Chegamos rapidamente ao local.

Do alto vimos que, numa avenida central, ocorria naquele instante um acidente de graves conseqüências. Alertados vibratoriamente para o desastre que estava para acontecer, nossos Maiores já haviam providenciado o socorro necessário.

Uma moto colidia com um carro que atravessava a via preferencial, e o jovem ocupante da moto foi arremessado de encontro a um poste de concreto que conduzia a rede elétrica, batendo a cabeça.

Meu coração acelerou. Assustado, desejei evitar que aquele acidente horrível acontecesse, mas nada havia a fazer.

Sereno, ao perceber meu estado de espírito, Matheus aconselhou:

- Mantenhamos a calma para poder ajudar com acerto. Nosso irmãozinho desprende-se do corpo e precisa de muita tranqüilidade.

Aproximando-nos, só então reconheci, surpreso, o jovem agonizante. Era Gladstone, filho de um amigo de meu pai.

Atraídos pelo barulho da colisão, os populares começavam a se juntar e a zoeira era cada vez maior no plano físico.

Na Espiritualidade, contudo, inúmeros mensageiros do bem aprestavam-se na atividade socorrista. Notei entidades que por certo eram parentes do rapaz.

O espírito do acidentado, em virtude da pancada na cabeça, encontrava-se desmaiado. Uma senhora de idade, de elevada condição espiritual, aproximou-se e, tomando o espírito nos braços, enlaçou-o com extremo carinho, protegendo-o das emanações deletérias do ambiente físico, onde as pessoas punham-se a gritar por socorro.

Gladstone continuou aconchegado ao colo da senhora e acompanhou a remoção de seu corpo - ao qual se encontrava ainda jungido -, até o hospital. Como não houvesse mais condição de vida orgânica, os técnicos em desligamento do Plano Espiritual desataram os laços que o mantinham ligado ao corpo e Gladstone, livre, foi transportado pela senhora a local de refazimento e assistência, ainda em estado de choque.

Era a primeira vez que eu participava de uma atividade socorrista desse gênero. Normalmente, minha tarefa iniciava-se quando o recém-desencarnado já estava internado no hospital, recebendo atendimento e em franca recuperação.

Foi uma experiência dolorosa, porém muito instrutiva. Nesse caso, nossa tarefa consistiu em auxiliarmos os familiares e amigos que, avisados, sofriam as dores da terrível perda. Aplicávamos energias calmantes através da imposição das mãos, evitando que as emoções desencontradas e afligentes pudessem chegar até o rapaz que partira, prejudicando-o nesses primeiros momentos no além-túmulo.

Víamos uma massa escura que se desprendia das pessoas, como cargas magnéticas deletérias, que era tanto mais intensa quanto maior o desespero. Matheus alertou-nos:

- Vejam. Essas emanações que se desprendem das criaturas encarnadas têm um alto poder destrutivo. Necessário se faz neutralizá-las para que não atinjam o espírito desencarnado, cuja situação é extremamente delicada nessas primeiras horas. Apressemo-nos.

Dessa forma, trabalhando ativamente, coadjuvados por outros servidores do bem, conseguimos evitar que Gladstone fosse atingido pelos pensamentos em desalinho de todos aqueles que o amavam e que estavam sentindo a sua perda. Assim, introjetamos idéias de paz, serenidade, consolo e esperança em seus corações.

Posteriormente fomos visitá-lo no hospital, quando já desperto, consciente da sua situação e em condições de receber visitas. Entrementes, orávamos em seu benefício, bem como de toda a família.

Gladstone demorou um pouco para se recuperar, não aceitando com facilidade a mudança de vida. Ansiava por voltar ao lar terreno, queria rever os pais, Antônio e Ivete, e a irmã, mais velha, Eloah; cheio de saudade, queria rever os parentes, a namorada e os amigos que deixara no mundo, e não se conformava em não receber permissão.

Certo dia, mais tranqüilo e adaptado, em plena convalescença e residindo conosco no Abrigo, mas ainda impedido de se comunicar com os entes queridos, falou com Marcelo, com quem parecia ter mais afinidade:

- Você tem permissão para se comunicar com os que ficaram?

- Sim, tenho. Estou aqui na Espiritualidade há muitos anos e já venci certas barreiras - respondeu Marcelo à guisa de explicação.

Gladstone pensou um pouco e, meio constrangido, perguntou:

- Poderia pedir-lhe um favor muito especial?

Marcelo, que percebera o que ia no íntimo do novo amigo, colocou-o à vontade com um sorriso aberto.

- Naturalmente. Diga o que deseja e, se estiver ao meu alcance, prometo atendê-lo.

- Se você tiver oportunidade... isto é, não sei se é possível... bem, poderia dar um recado aos meus pais?

- Claro! Não é muito fácil, mas acho que posso ajeitar as coisas, com a permissão de nossos superiores. Em caso afirmativo, o que deseja que eu diga a eles?

- Devem estar muito preocupados comigo. Diga-lhes que estou bem, com muita saudade e que logo que puder irei vê-los. Promete que fará isso por mim?

- Sem dúvida. Não sei quando, mas assim que surgir uma oportunidade, prometo atender ao seu pedido. Fique tranqüilo.

Alguns dias depois, tendo primeiramente obtido a permissão das entidades orientadoras, e aproveitando a boa vontade da médium com a qual mantínhamos contato, Marcelo escreveu uma mensagem endereçada aos pais de Gladstone, que, graças a Deus, são espíritas, e, portanto, acreditam na vida após a morte, cumprindo o que havia prometido e deixando o novo amigo muito feliz e agradecido.

14

UM NOVO PROJETO

O tempo passava rápido e as atividades nos absorviam por completo. Perfeitamente adequados às novas condições de vida, agora recebíamos os que chegavam ao Mundo Maior pelas portas da desencarnação, propiciando-lhes uma melhor aceitação da morte física; acalmando-lhes os receios normais pelo inusitado da situação; consolando-os do afastamento dos familiares e procurando alegrar-lhes os dias, como haviam feito conosco. Vendo os recém-chegados, lembrávamo-nos de nós mesmos e das dificuldades que havíamos enfrentado, o que nos enchia de carinho e de piedade.

Mas não era fácil, não. Nem todos aceitavam nossa ajuda e entendiam nossa ação por não terem informações acerca da imortalidade do ser espiritual. Muitos reagiam, inconformados, por não encontrarem as mesmas condições que haviam deixado na Terra, exigindo comidas variadas, bebidas e até drogas. Acreditavam-se ainda encarnados uma vez que sentiam o corpo tão denso quanto antes, tinham as mesmas necessidades fisiológicas e gozavam da capacidade de pensar; não aceitavam a idéia da morte do corpo físico, continuando tão alienados como quando deram entrada no hospital. Reclamavam atendimento especial das enfermeiras e médicos, irritando-se pela falta dos familiares, dos quais estavam separados.

Dessa forma, a convalescença era lenta e difícil, por faltar o componente principal: o desejo de melhorar, aliado à aceitação da nova realidade.

Em nossas reuniões, tratávamos desse assunto, reconhecendo que, em determinados casos, avançávamos muito lentamente.

É preciso dizer que, nessa época, trabalhávamos regularmente com o grupo de jovens da Mocidade Espírita "Cairbar Schutel", com quem tínhamos muita afinidade.

O grupo crescia a olhos vistos. Participávamos das atividades, acompanhando-lhe os estudos e encaminhando jovens desencarnados que perambulavam pelos arredores. Também incentivávamos antigos amigos e conhecidos, ainda encarnados e nos quais detectávamos necessidades interiores de iluminação e uma certa aceitação dos postulados espíritas, que passavam a freqüentar o grupo.

Por outro lado, a maturidade de alguns membros mais antigos estava a exigir tratamento diferenciado. Ansiavam por alguma coisa diferente, uma ação mais concreta e de sentido prático.

Começamos a conversar certo dia no Abrigo, e surgiu uma idéia original. Resolvemos expor nosso pensamento ao instrutor Matheus.

- Um grupo mediúnico formado por jovens? - indagou ele.

- Sim. Atenderia perfeitamente às nossas necessidades e às do grupo encarnado - ponderei.

Reforçando a sugestão, Marcelo considerou por sua vez:

- Veja, Matheus, por falta de afinidade, tem sido difícil encontrar agrupamentos mediúnicos que possam atender adequadamente nossos pacientes. De outra parte, os "nossos" jovens espíritas encarnados estão maduros para um trabalho desse jaez. Têm tido a parte teórica, mas falta-lhes a vivência mediúnica.

Sheila deu a sua contribuição, exclamando com expressão de enlevo:

- Que excelente oportunidade para nos relacionarmos mais diretamente com eles!

Olhei-a com carinho, sorrindo agradecido. Sheila sempre tinha o condão de sintetizar nossos pensamentos de maneira perfeita, sendo a porta-voz do grupo.

O instrutor também sorriu, concordando:

- A idéia é fascinante e inovadora. Vocês têm toda razão. Resolveria ao mesmo tempo o nosso problema e o deles. Não há dúvida de que um grupo mediúnico constituído basicamente de jovens irá facilitar o entrosamento com os irmãos desencarnados em plena juventude, os quais se reconhecerão no seu "elemento", diminuindo, assim, o nível de rejeição que muitos apresentam. Consultarei nossos superiores e lhes darei o retorno. Acredito, porém, que a idéia será aprovada.

Marcelo deu a nota bem-humorada, concluindo:

- Como diz o refrão popular na Terra, "mataremos dois coelhos com uma paulada só".

Todos nós rimos bastante da sua lembrança.

Nossa sugestão teve o assentimento dos mentores e, a partir daquele dia, iniciamos aquilo que se convencionou chamar de "Projeto Exercício Mediúnico".

Estudamos em profundidade o assunto. No além-túmulo nada se faz sem prévia análise de todas as perspectivas para evitar um fracasso nas atividades. Portanto, quando consideramos pronto um projeto novo, é sinal de que foram previstas todas as variáveis que poderiam ocorrer e prejudicar o tentame.

Naturalmente, estamos falando do Plano Espiritual. Os problemas do mundo material teriam que ser equacionados pelos próprios encarnados. Com a nossa entusiasmada ajuda, claro. É evidente que não podemos ultrapassar nossa área de ação em respeito ao livre-arbítrio das pessoas. Assim, teríamos que deixar que tomassem suas próprias decisões.

Dessa forma, escolhemos os elementos que estariam mais à altura de participar do projeto. Matheus não interferia, deixando que cuidássemos de tudo sozinhos. Era o primeiro trabalho de um grupo "nosso mesmo". Semanalmente nos reuníamos com ele para dar notícias do projeto, que ainda estava no reino das idéias. As coisas se arrastavam meio devagar porque os estudos eram realizados em horário de lazer, visto que tínhamos outras tarefas cuja responsabilidade não poderíamos relegar a segundo plano.

Após escolhermos o grupo que iria participar do projeto, submetendo-o à apreciação de Matheus, ele indagou:

- E quem será o dirigente encarnado?

Em uníssono respondemos:

- O Alexandre.*

O orientador sorriu, considerando:

- Vejo que não têm dúvidas a esse respeito. Concordo. Pelas suas credenciais, conhecimento doutrinário, discernimento e qualidades morais, o jovem Alexandre me parece ser especialmente talhado para essa função.

Quando consideramos pronto o projeto, fomos apresentá-lo ao orientador. Satisfeito, ele recebeu os relatórios, cujo conteúdo leu rapidamente.

- Bem. Parece que não esqueceram de nada. Está tudo em ordem. Passaremos para outra fase.

- Sim. De esclarecimento e convencimento dos irmãos encarnados.

- Exatamente. Quando pretendem dar seqüência?

- O mais rápido possível - informou Eduardo. - Estamos marcando uma reunião para o início da semana, o que nos dará tempo de organizar tudo e de preparar os integrantes individualmente.

O orientador, fitando a equipe com ternura e amizade, assentiu entusiasmado:

- Vocês têm todo o meu apoio. Como um grupo, têm mostrado maturidade, vontade de aprender, disciplina e desejo de ajudar o próximo. Mais do que o meu apoio, vocês têm a anuência de nossos maiores, inclusive de nossa Mentora Maior, Maria de Nazaré.

Trocamos olhares perplexos, sem poder acreditar no que estávamos ouvindo.

- Maria de Nazaré?!... - balbuciei, incrédulo.

- Sim. Acreditam que algo aconteça aqui que não seja do conhecimento da doce e suave Mãe de Jesus? Não sabem que fazemos parte da Sua "coletividade", isto é, que Céu Azul está sob Sua proteção direta?

- Sim, mas...

- A Mocidade Espírita "Cairbar Schutel" faz parte da Sociedade Espírita "Maria de Nazaré", que leva o nome augusto de nossa benfeitora e está ligada a Seu coração misericordioso. Assim como nós, essa Casa Espírita está vinculada ao mesmo grupo de entidades afins. Entenderam?

Sim, entendêramos. Mas uma grande emoção nos assaltava o íntimo ao ouvir suas explicações. Naquele momento nos sentíamos mais próximos daquela que é considerada a Mãe de todos os necessitados, e pensamentos de gratidão afloraram em nossas mentes.

Provavelmente por estarmos a falar no Seu nome, um bem-estar indizível nos envolveu. Elevamos os corações em prece proferida por Matheus com sentimento e humildade, expressando o que nos ia no íntimo.

Conforme o orientador falava, percebemos que uma luminosidade diferente tomou conta do recinto e, quando finalizou - oh! maravilha das maravilhas! -, vimos, do Alto, descerem sobre nós flocos azulados, semelhantes a neve translúcida, que, ao tocar-nos delicadamente, se desfaziam, como se assimiladas pelo organismo espiritual.

Todos os presentes chorávamos de emoção. As bênçãos do Alto caídas sobre nós se traduziram por pensamentos de otimismo, de confiança, de vitória.

Matheus, tão sensibilizado quanto nós mesmos, encerrou a reunião, asseverando:

- Possa o grupo ser digno das bênçãos que recebeu neste instante. Tiveram a confirmação de minhas palavras, e nossa Mentora Maior, através de Seus celestes emissários, demonstrou o Seu assentimento e a Sua bênção. Vamos em frente certos de que, com o amparo divino, venceremos sempre.

Esse dia ficou indelevelmente gravado em nossas mais caras lembranças e, ainda hoje, passados alguns anos, é sempre com profunda emoção que nos recordamos daqueles momentos tão importantes em nossas vidas.

(*) ***Nota do Autor Espiritual:***

Limitei-me a relatar os fatos como se passaram no Plano Espiritual. Pode parecer, ao leitor encarnado menos avisado, que nosso desejo fosse o de "elogiar" e "engrandecer" o citado rapaz. Contudo, os Espíritos do Bem não têm favoritismo nem usam de bajulação, primam pela verdade e pela ordem, analisando tudo com lógica e bom-senso.

Racionalmente, então, concluímos que, para uma função tão espinhosa, de todos os candidatos a membros do grupo, o Alexandre era o que tinha mais condições para dirigir a reunião mediúnica.

15

APRENDENDO A SEMEAR

Ultimando os preparativos para a reunião, trabalhamos sem parar. Necessário que os membros da nossa equipe assistissem cada companheiro encarnado, de modo a não se frustrarem os nossos objetivos.

Assim, em duplas, dividimo-nos na assistência aos candidatos a membros do nosso projeto. A finalidade era garantir a presença de todos ao encontro, evitando-se, para tanto, que se distraíssem com outras ocupações.

Dessa forma, os grupos de dois, logo cedo se posicionaram nas residências respectivas, acompanhando-os e auxiliando para que durante todo o dia o ambiente fosse de paz, ao mesmo tempo intuindo-lhes idéias elevadas e edificantes, bem como o desejo de se recolherem mais cedo.

Com raras exceções, como companheiros que se distraíram assistindo televisão até mais tarde, os demais, acatando as orientações, se deitaram mais cedo.

A postos, à medida que eles iam adormecendo, íamos auxiliando o desprendimento dos espíritos e conduzindo-os para o local combinado, isto é, a Casa Espírita, em cujas dependências seria realizada a reunião. Interessante observar que nem todos estavam conscientes do que estava ocorrendo, mas de modo geral a satisfação por nos perceber era grande.

Chegando ao local acompanhados das equipes espirituais, os encarnados estranhavam a mudança na aparência do singelo centro. Intensamente iluminado, o prédio apresentava radiosa beleza, para perplexidade dos recém-chegados. Outros, mais adestrados a esse tipo de compromisso, com desenvoltura cumprimentavam os trabalhadores da casa, conscientes e felizes por reverem os amigos do outro lado da vida.

Dezenas de entidades ali se congregavam, entre elas os

dirigentes encarnados da Casa Espírita, os responsáveis desencarnados, nossos mentores e orientadores, pela necessidade que teríamos de suporte técnico e doutrinário, e até familiares dos participantes do grupo, interessados no evento.

Iniciando a reunião, Eduardo, do nosso grupo e que estava em melhor situação espiritual, fez a prece de abertura. Em seguida, a questão foi colocada para conhecimento dos encarnados. Através de uma exposição simples, de forma a alcançar o entendimento de todos, Eduardo falou sobre o objetivo do encontro, do projeto elaborado pelo grupo de jovens desencarnados, da importância do trabalho mediúnico, tanto para os encarnados como para os da Espiritualidade. Falou sobre o compromisso que se assumiria e as muitas dificuldades que seriam enfrentadas, inclusive as decorrentes dos problemas com que iriam lidar. Encerrou suas palavras convidando os que quisessem participar do grupo a se manifestarem com opiniões e sugestões.

Com entusiasmo, a aceitação foi unânime. Mostraram muito desejo de trabalhar, de servir na área do intercâmbio mediúnico, do qual iriam auferir grande conhecimento e experiência.

Sob clima de grande bem-estar e otimismo, após uma oração de agradecimento ao Criador pela oportunidade que estava surgindo através da nova frente de trabalho, encerramos a reunião, conduzindo de retorno os encarnados, cada qual para seu leito, e deixando-os dormir tranqüilamente.

Mais um passo fora dado na concretização do nosso projeto. Agora, teríamos que aguardar.

Mais tarde, cumpridas as tarefas, nessa mesma noite nos reunimos para avaliar o encontro. Matheus considerou:

- A reunião foi muito produtiva e conseguimos nosso objetivo, que era tentar conscientizar os irmãos encarnados para o problema. Quanto aos resultados, veremos. Não coloquem muita expectativa para não ficarem decepcionados. A semeadura foi feita e vamos esperar que, em terra boa, as sementes germinem e dêem bons frutos.

- Eles irão recordar o que conversamos aqui, hoje? - perguntei, em dúvida.

Sempre interessado em orientar, Matheus considerou:

- Depende da condição de cada um. Alguns lembrarão do acontecimento conscientes de que estavam numa reunião no Plano Espiritual; outros lembrarão vagamente de um sonho em que havia muitas pessoas reunidas tratando de assunto importante, sem recordar o que foi falado, pelo menos conscientemente; outros nada lembrarão, mas a sugestão ficará intuitivamente gravada no inconsciente, surgindo na hora oportuna; e outros ainda, de menor condição espiritual, nada terão aproveitado do esforço realizado esta noite.

Marcelo lembrou muito oportunamente:

- Sempre atual a lição de Jesus: "Muitos os chamados, mas poucos os escolhidos."

Nos calamos todos, pensativos e preocupados, agora um pouco temerosos de que a reunião não surtisse o efeito esperado. Percebendo nosso estado de espírito, Matheus concluiu com bonomia:

- O que é isso? Estão desanimando? Minha intenção não foi jogar um balde de água na fervura, mas alertá-los para a realidade! Nossos irmãozinhos encarnados têm boa vontade, mas são ainda infantis e cheios de problemas. Lentamente despertam para a necessidade do aprimoramento interior e para a ação enobrecedora. Precisamos auxiliá-los, envolvendo-os com idéias edificantes e povoando suas noites de vivência espiritual que os ajude a vencer as dificuldades do mundo material em que vivem, as pressões psicológicas que sofrem cotidianamente e as influenciações de ordem espiritual negativa que os atingem vibratoriamente. A vida no Planeta de provas e expiações não é fácil, e cada qual deve arcar com a parcela de responsabilidade que lhe cabe. Não obstante isso, a misericórdia divina está sempre presente, amenizando seus problemas e suas dores, através de intermediários, que somos nós.

Fez uma pausa, avaliando o efeito de suas palavras no contingente jovem que o ouvia, e concluiu, prazenteiro:

- Assim, vamos trabalhar! Com bom ânimo e confiança, cumpramos com nosso dever, cientes de que temos todo o amparo de nosso Mestre Jesus.

Terminada a reunião, retornamos às nossas atividades.

Nos dias subseqüentes, não tivemos mais contato com

nossos amigos encarnados, envolvidos com outras tarefas que nos estavam afetas e também porque o orientador nos alertara para que déssemos tempo para a germinação da semeadura. No final da semana, ao retornarmos à Sociedade Espírita Maria de Nazaré, tivemos uma grata surpresa.

Alexandre, conversando com alguns membros do grupo de jovens, dizia:

- Olha gente, tenho pensado muito ultimamente na possibilidade de fazermos um trabalho com os jovens, voltado para a mediunidade. Através dos estudos feitos, temos base teórica, mas nos falta a prática. O que vocês acham?

Já preparados espiritualmente, os demais concordaram, animados, achando excelente a idéia.

E nós, que participávamos da conversa, no Plano Espiritual, sentimos a emoção tomar conta de nossos corações e nos fitamos com os olhos úmidos de pranto, cheios de justa satisfação. Afinal, a semente vingara. A terra era boa e fértil.

Nosso grupo começou com poucos membros. De todos os que participaram da reunião na Espiritualidade, apenas aceitaram o convite e se tornaram parte integrante: Jéferson, Sérgio, Celso, Viviane e Alexandre, assessorados inicialmente por Célia e Joaquim, que vieram reforçar o pequeno grupo, participando com sua experiência.

Essa nova etapa tem sido muito rica, propiciando importantes conhecimentos doutrinários, vivência mediúnica e enriquecimento individual e coletivo, além da oportunidade de exercitar o amor e a caridade, a compreensão e a tolerância, a paciência e o perdão, na pessoa do próximo necessitado e das entidades sofredoras que buscam alívio e amparo na Casa Espírita.

16

ATENDIMENTO FRATERNO

E assim, iniciamos uma nova etapa em nossas vidas. Com a anuência de nossos mentores, desligamo-nos de uma parte das atividades que nos estavam afetas, tendo em vista o acréscimo de responsabilidades que assumimos com a execução do "Projeto Exercício Mediúnico", agora a pleno vapor.

E não pensem que é fácil ou coisa de somenos importância. Para que a reunião funcione a contento, temos muito serviço. Desavisadamente, alguém pode julgar que o trabalho se resume naquelas poucas horas semanais em que os encarnados se reúnem para o intercâmbio com a Espiritualidade. Nem pensar!

Durante toda a semana as atividades são intensas. São escolhidos "casos" para atendimento, de acordo com a necessidade e as possibilidades. Recebemos pedidos de socorro de desencarnados e de encarnados, preocupados com os familiares ou amigos em dificuldades. Orações intercessórias chegam às esferas mais altas e são encaminhadas para os locais de atendimento mais próximos, ou para onde existe mais possibilidade de atendimento na crosta, seja pela boa vontade e cooperação da equipe, seja pela sintonia com os médiuns, seja pelo trabalho simples, mas responsável e perseverante realizado pelo grupo.

No nosso caso, a prioridade é para jovens desencarnados com dificuldades de adaptação, ou para socorro àqueles que, por terem sofrido morte física violenta, não estão ainda conscientes do seu estado, ignorando que já fizeram a grande viagem. Para tornar mais viável o trabalho a ser desenvolvido, atendemos também as entidades vinculadas aos companheiros do grupo, sempre que surge a oportunidade.

Naturalmente, fomos aos poucos introduzindo as atividades mediúnicas como preparatório e adequação dos membros do grupo. E, até para que os companheiros encarnados ficassem conhecendo a equipe espiritual com a qual iriam se relacionar dali por diante, começamos a nos comunicar, nos apresentando formalmente, sem prejuízo das atividades normais do dia, em momentos profundamente gratificantes tanto para os encarnados quanto para nós, os desencarnados.

Nosso grupo na Espiritualidade aumentava sempre, acrescido de outros jovens que vinham engrossar nossas fileiras e que, de acordo com a condição espiritual, passavam a fazer parte do projeto, com grande satisfação.

Muitos haviam sido socorridos na Casa Espírita pelo grupo, chegando em terrível situação de sofrimento e, por desconhecerem a vida espiritual, completamente desmemoriados e inconscientes, ou, em outras circunstâncias, julgando-se ainda "vivos" e fazendo exigências descabidas. Retornavam ao nosso convívio profundamente modificados, agradecidos pela ajuda que lhes fora prestada e passando à condição de colaboradores.

Os casos mais dramáticos e comoventes são os dos suicidas, de longe os mais infelizes e sofredores da Espiritualidade, pelo desrespeito e infringência às leis do Criador, ao darem fim ao próprio corpo, bênção divina que não souberam preservar.

Com exceção dos suicidas, os mais aflitos e sofredores que temos podido observar são os viciados em drogas. As criaturas que se deixam escravizar pelas substâncias entorpecentes, intoxicadas que estão, sofrem terrivelmente no além-túmulo, até que, compenetradas da necessidade de se libertarem da dependência física, mental e espiritual a que estão jungidas, lutam para readquirir a paz de espírito que perderam. Grande parte das vezes, vinculadas a entidades desencarnadas vampirizadoras, que se aproveitam das vibrações deletérias liberadas pelo encarnado para auferir algum prazer, chegam à Espiritualidade acopladas aos seus obsessores, com os quais mantêm esse conúbio deletério.

Imprescindível nessas circunstâncias auxiliar também as entidades obsessoras, profundamente necessitadas de ajuda, como meio de libertar o recém-desencarnado, que, de outra forma, não teria meios de melhorar psiquicamente.

Após o atendimento fraterno, em que se exercita a caridade na sua mais ampla acepção, pelo socorro aos necessitados e aflitos do Plano Espiritual, e até para propiciar a recuperação orgânica dos médiuns, profundamente atingidos pela presença de entidades em completo desequilíbrio, fazemo-nos presentes, recompondo as energias dos medianeiros. Através de mensagens de conteúdo evangélico, transmitimos confiança, otimismo, esperança e paz, além de orientação sobre determinados assuntos, inclusive detalhes do mundo em que vivemos. Naturalmente sempre respeitando o livre-arbítrio de cada um, sem dar ordens ou impor condições, o que não nos compete.

A direção material dos trabalhos é da estrita responsabilidade dos parceiros encarnados e, no máximo, podemos oferecer alguma sugestão através da via intuitiva, ou conversando na Espiritualidade durante o sono. Nessas ocasiões procuramos fazer as colocações que julgarmos oportunas e necessárias. Contudo, dependerá dos irmãos encarnados a decisão sobre a atitude a ser tomada, que respeitamos.

De qualquer forma, é absolutamente necessário o entrosamento entre a equipe espiritual e a equipe material. Uma não funciona sem a outra. É uma via de mão dupla em que se conjugam esforços visando um objetivo comum, que é o de ajudar o próximo.

Sem a boa vontade dos companheiros encarnados, nossa ação seria muito restrita. Precisamos da colaboração dos amigos da Terra para promover o socorro aos necessitados, seja do nosso plano, seja do mundo material. Por outro lado, sem a assistência da Espiritualidade Maior, grande parte dos problemas seria de difícil solução para os encarnados.

Assim, que possamos trabalhar sempre juntos, como um grupo coeso, monolítico, em que, de mãos dadas, nos assistimos mutuamente. Não mais o mundo espiritual e o mundo físico, mas uma esfera em que somos uma coisa só, com um único ideal - a evolução através do amor e do conhecimento; e um único objetivo - a prática do bem na sua mais pura expressão.

Não sabemos até quando o Senhor vai nos proporcionar essa

oportunidade de trabalho edificante e de crescimento superior, individual e coletivamente.

Possamos ser dignos da confiança que Jesus tem depositado em nós e sejamos aqueles trabalhadores da última hora, merecedores do seu salário.

17

ATIVIDADES PREPARATÓRIAS

Referia-me, no capítulo anterior, à escolha dos casos que seriam atendidos pela equipe. No entanto, esse é apenas um dos aspectos do nosso trabalho. Após estabelecer as prioridades, pela urgência ou pela necessidade dos envolvidos, fazemos uma análise dos "processos" buscando, nos arquivos da Espiritualidade, a história do candidato a assistência do grupo, visando obter as informações imprescindíveis à condução do caso. Dessa forma, procuramos saber com quais pessoas está mais envolvido, quais as que guardam mágoa e por que, e também - e isso é de suma importância - quais as pessoas que estão em condições de ajudar, pelo interesse no caso, sejam amigas ou familiares desencarnados. Após isso, entramos em contato com os entes queridos do nosso plano, para programarmos a estratégia de ação a ser utilizada. Muitas vezes essa providência não se faz necessária porque é o próprio familiar ou amigo que nos procura. Sabendo do interesse do grupo em assistir seu protegido, coloca-nos a par do problema e facilita nossas tarefas.

Durante os dias que antecedem à reunião, as atividades são intensas. Também precisamos cuidar para que os componentes do grupo sintam-se bem e estejam presentes na hora determinada, preparando-os para enfrentar os problemas que virão.

Visitamos as casas dos necessitados, sensibilizando os familiares para a importância de encaminhá-los à Casa Espírita, de forma que, assistindo a palestras e comentários evangélicos, tomando passes e água fluidificada, fiquem psiquicamente mais predispostos à ajuda que lhes será prestada nas reuniões mediúnicas. Também facilitamos o transporte das entidades perturbadoras que estejam pesando em sua economia espiritual e física, providenciando para que fiquem albergadas nas dependências da Casa Espírita. Para isso, muitas vezes é preciso mobilizar corações generosos na Terra, criaturas cheias de boa vontade e desejo de ajudar, que sejam amigos particulares das famílias envolvidas, intuindo-os a colaborar. Despertamos-lhes o interesse para assuntos transcendentais e os convidamos à visita fraterna ao Centro Espírita, quando teremos a oportunidade de envolvê-los com muito amor.

Horas antes, o pessoal de apoio começa o transporte das entidades necessitadas, conscientes ou não do seu estado, perturbadoras, galhofeiras ou obsessoras, que estejam criando desarmonia nos lares. Percorre as ruas da cidade, praças, jardins, bares, lanchonetes e quaisquer lugares onde exista ajuntamento de pessoas, arrebanhando criaturas que, pelo seu estado psíquico, sejam passíveis de auxílio.

Tudo isso sem contar o preparo da sala de reunião, a limpeza do ambiente e a impregnação com fluidos balsamizantes, que irão atuar de forma altamente benéfica em todos os que participarem das atividades, especialmente os necessitados. Não esquecendo o problema da segurança, realizada por um pelotão de lanceiros, especialistas no assunto, que contornam todo o prédio, colocando cordões magnéticos de isolamento para impedir que entidades não autorizadas penetrem na área. Não vai aí qualquer atitude indébita de exclusão, uma vez que todos são necessitados. Essa medida, contudo, é imprescindível para a proteção e segurança do grupo encarnado, que, não fora isso, ficaria à mercê de bandoleiros e entidades trevosas que pudessem entrar e causar desordens no recinto, atrapalhando a equipe. Mesmo os que entram, conquanto se vangloriem de ter rompido a segurança estabelecida, ignoram que suas presenças foram permitidas, caso contrário jamais teriam tido acesso às atividades que se desenrolam no recinto sagrado da sala de reuniões.

Registrei apenas algumas das atividades, de forma que se possam avaliar as muitas dificuldades, problemas e obstáculos com que nos deparamos no exercício das tarefas que nos estão afetas.

Responsabilidade, amor, dedicação, desprendimento,

renúncia, humildade, abnegação, paciência e serenidade são características básicas para a execução dos serviços de amparo aos necessitados. Em contrapartida, recebemos e muito em bênçãos que nos vem de Altas Esferas, traduzindo-se por bem-estar íntimo, confiança, alegria, otimismo e a consciência pacificada de quem tem a convicção de estar fazendo o melhor.

Temos auferido tantas vantagens nesse campo de experiências, que superam em muito as dificuldades encontradas. Acima de tudo, estamos cientes de que Jesus vela por nós e sob Sua proteção não temeremos mal algum.

Quando retornamos à "nossa casa" em Céu Azul, é indescritível a sensação de paz e de conforto que toma conta de nossos corações. Ao revermos os que ficaram, temos muito a relatar as experiências vividas, os obstáculos vencidos, as bênçãos conseguidas. Tudo isso é muito gratificante e nos plenifica interiormente, servindo também de orientação para outras pessoas.

Temos até exportado "know-how", acreditem se quiser! Somos convidados a expor o nosso trabalho para outros grupos interessados, o que nos causa imenso prazer. Não estou relatando isso com o objetivo de "aparecer", nem deixando que o orgulho envolva o grupo, embora sintamos justa satisfação pelo trabalho realizado, mas para que saibam o quanto é importante o que estamos realizando e o quanto podemos ajudar, até outros grupos interessados em fazer trabalho semelhante.

Temos crescido muito, como grupo e como pessoas, e só nos cabe agradecer a Deus as oportunidades que nos foram concedidas.

Não sabemos quanto tempo vai durar, quanto tempo ainda estaremos todos juntos, uma vez que estamos numa situação que é transitória na erraticidade (Não gosto muito do termo.), e que a finalidade do espírito imortal é a evolução. Estou ciente de que apenas nos preparamos para o retorno ao corpo de matéria densa, haurindo novas forças, reestruturando a maneira de pensar, adquirindo novos conhecimentos e estabelecendo novas metas para o futuro. Também sei que essas programações são feitas a médio e longo prazo e que, por isso, vão demorar bastante. Contudo, quando penso que algum dia, por remoto que seja, vou deixar tudo isto aqui, começo a sentir saudades antecipadamente.

18
PEDIDO DE SOCORRO

Certo dia estávamos conversando na varanda de nosso Abrigo - local do agrado de todos, uma vez que, sentados confortavelmente, podíamos descortinar o céu estrelado - quando alguém pediu:

- Dudu, toque uma música para nós.

Eduardo, que dedilhava o seu inseparável violão, não se fez de rogado.

- Está bem. Vou tocar uma nova melodia que vocês não conhecem ainda. Chama-se "Conversa com Jesus", e acabei de compor há pouco.

E cantou lindamente com sua voz de tenor a nova composição, que dizia assim:

"Gostaria de poder Te falar
Das coisas que sinto e não sei.
Do amor que vibra em meu peito,
Da fé que nasce, da paz, da emoção.

Das aves que voam pelos ares,
Dos peixes que cruzam pelos mares,
Do sol que ilumina nossas vidas,
Do afeto das criaturas queridas.

Do luar que clareia a noite escura,
Do vento que sopra e que murmura,
Da chuva que cai pela campina,
Do riso da criança que ilumina.

Da melodia que eleva o pensamento
E expulsa de nós o sofrimento;
Da ternura fraterna de um abraço
E do tranqüilo aconchego dos Teus braços.

Com os olhos fitando o céu profundo,
Voar... voar para o infinito,
Confiantes no amor e na bondade,
Despertando para a eternidade.

Olhos abertos, caminho de luz,
Guia meus passos, Te amo Jesus.
Buscar nas estrelas a inspiração, *{bis*
Estender os braços, amar teu irmão.

Amar... amar teu irmão
Amar... amar teu irmão
Amar...

Enquanto Eduardo cantava, deixamo-nos envolver pela melodia, que nos sensibilizava profundamente e, ao mesmo tempo, visualizando as imagens encantadoras que a letra evocava. Quando soaram os últimos acordes, tocados nas fibras mais íntimas, chorávamos de emoção.

- É linda, Eduardo! De uma beleza surpreendente! - murmurou Sheila, enquanto as lágrimas desciam pelo seu rosto delicado.

Concordamos em uníssono, sem poder falar, ainda sob os eflúvios da mensagem musical que representava em versos a própria alma do seu autor. Como tudo de que gostamos desejamos partilhar com os amigos, lembrei-me logo do grupo encarnado.

- Nossos amigos da Crosta apreciariam muito esta música, Eduardo.

- Também penso assim. Se possível, pretendo transmiti-la a eles por via mediúnica.

A conversa generalizou-se, fraterna e amiga. O grupo encontrava-se acrescido agora de novos elementos, entre eles o Júnior, que chegara por ter sofrido um acidente de moto, e duas garotas muito simpáticas e agradáveis, a Ana Cláudia e a Giovanna, primas, que eu conhecera quando encarnado pois eram naturais da minha cidade, desencarnadas num acidente automobilístico. As meninas, ainda convalescentes e um pouco combalidas, especialmente Giovanna que sofria muito com a inconformação da família, mostravam-se encantadas com o ambiente do grupo, cuja convivência era sempre envolta no afeto mais puro e na mais carinhosa amizade, sem quaisquer resquícios de desentendimentos ou rusgas, por ciúme, inveja, egoísmo ou interesse, problemas comuns na sociedade terrena de onde tinham vindo.

Nesse instante, tivemos que interromper nosso agradável bate-papo em virtude de chamado urgente vindo de nossa sede. Como outros membros tivessem que entrar de serviço, logo a agradável reunião se dissolveu, cada qual buscando suas atividades.

Chegando à sede, fomos inteirados da razão da chamada de emergência. Junto ao nosso orientador encontravam-se outras entidades, algumas nossas conhecidas e outras não. Fomos apresentados formalmente a uma senhora idosa, de cabelos brancos e ar distinto, conquanto algo apreensivo.

- Esta é D. Maria, nossa amiga e servidora do bem há alguns anos. Tem uma solicitação para nos fazer e achei que deveriam estar presentes. Pode falar, irmã Maria.

A respeitável senhora, mal contendo a emoção, começou a falar:

- Tenho uma bisneta na Crosta planetária que está passando por terríveis problemas. Naturalmente não ignoro que as dificuldades que enfrenta são conseqüência do seu próprio passado e das infrações cometidas contra as leis divinas. Contudo, sei também que a bondade e a misericórdia do Criador nunca faltam em nossas vidas, porque Deus é um Pai de amor inexcedível e ama a todos os Seus filhos.

Fez uma pausa, fitando a cada um dos presentes após esse intróito, e prosseguiu:

- Chama-se Solange e, na presente encarnação, é portadora da "Síndrome de Down", não sendo responsável pelos seus atos. Apesar de estar em plena maturidade física, contando mais de trinta anos, ainda é uma criança necessitada de amparo e de assistência diretas. Não bastassem suas dificuldades congênitas, ainda está sofrendo um assédio terrível de entidades às quais se vinculou no passado, que, presentemente a tendo localizado, não lhe concedem um minuto de paz, tornando sua vida um verdadeiro inferno, uma vez que, para sua infelicidade, Solange pode ver e ouvir os seus algozes.

Estávamos sensibilizados com os problemas da infeliz Solange e imaginávamos como estaria sofrendo. Indagou Marcelo pelo grupo:

- O que podemos fazer para ajudar?

Matheus fitou-nos e explicou:

- Devem estar pensando o porquê de terem sido chamados até aqui. Recebemos essa petição de Mais Alto, atendendo às súplicas veementes de nossa irmã Maria, em virtude das ligações e facilidades que temos de entrar em contato com a família terrena da nossa protegida, que reside em cidade próxima à localidade onde está situada a Sociedade Espírita Maria de Nazaré.

Matheus fez uma pausa enquanto demonstrávamos nossa perplexidade.

- Aí é que vocês entram. Estão entendendo? Temos que trabalhar montando uma estrutura para aproximar essa família da Casa Espírita. Teremos que estudar todos os ângulos detalhadamente. Mas, isso faremos no tempo devido.

O orientador virou-se para D. Maria, cujo semblante demonstrava novas esperanças e, tomando as mãos dela nas suas, considerou:

- Tenha confiança. Faremos o que for possível, com a ajuda de Deus. Jesus não nos desamparará e Maria de Nazaré, Sua augusta Mãe, estará velando por nós.

Vendo a gratidão estampada no rosto da humilde servidora, sentíamos o coração pulsar num grande hausto de amor ao próximo, ansiando pelo momento de poder trabalhar no "Caso Solange" - como passamos a nos referir.

19

O CASO SOLANGE

Marcamos a visita à casa da nossa protegida Solange. Antes, porém, procuramos nos informar sobre o caso, que parecia bastante complexo.

Algumas horas depois estávamos à caminho da Crosta. Nossa caravana socorrista compunha-se de poucas pessoas: Matheus, Marcelo, Eduardo, D. Maria e eu, além de duas outras entidades de elevada condição, que, pelos laços de amizade com a família, iriam nos auxiliar na execução da tarefa.

Chegamos ao nosso destino às primeiras horas da manhã. No endereço, uma casa de aparência singela, de madeira, com pequeno jardim na frente.

Antes de sair, recebemos orientações específicas de Matheus, alertando-nos para a importância do equilíbrio diante de qualquer situação que porventura fôssemos encontrar, demonstrando que conhecia as condições existentes.

Defronte à residência, ele repetiu discretamente para Marcelo, Eduardo e eu, que ali estávamos na condição de aprendizes e observadores:

- Lembrem-se. Mantenham o pensamento elevado e o controle das emoções em qualquer circunstância. Vamos.

Adentrando a casa, logo na sala tivemos a primeira surpresa. Em colchões espalhados pelo assoalho viam-se pessoas adormecidas. Tratava-se do casal e da filha Solange.

Fitamos Matheus procurando uma explicação, porém com um olhar ele nos alertou que não era hora para perguntas.

Percorrendo o corredor, vimos os quartos de dormir desocupados, o que aumentou a nossa perplexidade.

Desocupados não seria bem o termo. Não ocupados por pessoas encarnadas, pois, na verdade, várias entidades desencarnadas ali estavam como se em suas próprias casas. Espichados nas camas, acomodados nas cadeiras ou mesmo sentados no chão. Alguns conversavam, outros descansavam das atividades noturnas. Ninguém percebeu a nossa presença, e nos pusemos a ouvir o que falavam. Comentava um deles:

- "Ele" não vai resistir muito tempo mais às nossas investidas. Também, com o "programa de assédio" que estamos desenvolvendo!

O outro deu uma sonora gargalhada, anuindo:

- Concordo. Viu como "ele" ficou apavorado? Nosso "Chefe" deve estar satisfeito com nosso trabalho.

Acompanhávamos o diálogo sem nada entender. Afinal, quem seria "ele"? Nosso objetivo era atender a uma infeliz moça e ali se comentava sobre um homem. Porventura estariam se referindo ao pai de Solange?

Notando nossos íntimos questionamentos, Matheus fez sinal para que aguardássemos pois logo iríamos entender.

Dentro de pouco tempo deu entrada na sala - acompanhado de dois servidores do nosso plano e dando a perceber que não entendia bem o que estava acontecendo - um homem ainda novo que, para espanto nosso, foi levado até junto do corpo adormecido de Solange e auxiliado a acomodar-se nas vestes materiais da nossa amiga.

Pela primeira vez Matheus falou, esclarecendo:

- Sim. Como podem ver, a nossa Solange é na verdade Osmar. Para se esconder dos inimigos do pretérito, Osmar solicitou um corpo feminino julgando que não seria encontrado. Contudo, apesar da deficiência mental e da mudança de sexo, seus adversários e cúmplices de antanho o localizaram e agora não lhe concedem tréguas.

- E por que dormem todos na sala? - indaguei espantado.

- Em virtude da influência das entidades desencarnadas cruéis e vingativas, a nossa Solange (Continuaremos a chamá-la assim, uma vez que é sua personalidade atual.), que sente, ouve e vê os espíritos, vive aterrorizada e não consegue entrar nos ambientes onde eles estão. Sempre temerosa, não aceita ficar sozinha, e seus pais lhe fazem companhia.

Nesse momento, reintegrando-se no corpo, Solange se agita, começando a despertar. Os genitores acordam também e levantam-se para iniciar o novo dia.

Diferente do que eu imaginava - franzina e frágil -, vejo uma Solange grande e encorpada que lembra muito o aspecto do espírito "Osmar", que víramos.

- Dormiu bem? - pergunta-lhe a mãe, carinhosa.

Solange balança a cabeça negativamente. Com seu palavreado difícil, tenta explicar o que viu, fazendo gestos.

A mãe, contudo, preocupada com as tarefas que a aguardam, não lhe dá muita atenção, dirigindo-se à cozinha para preparar o café da manhã.

Observando a filha parada, de pé na porta da cozinha, a senhora ordena:

- Vamos tirar o pijama. Vá buscar uma roupa no quarto.

Solange reage, aflita, negando-se a cumprir a ordem recebida e afirmando, agitada, que não vai ao quarto.

A mãe suspira e se conforma. Sabia que a filha não iria. Não adiantava insistir. Ela demonstrava pavor de entrar nos quartos e em determinados ambientes da casa.

Sentam-se para tomar o café e o casal toca no assunto, falando sobre o problema da filha, como se ela não estivesse presente e não pudesse entendê-los:

- Assim não pode continuar - lamenta-se D. Luzia desgostosa. - Isso não é vida, José! Sinto falta da nossa cama, do nosso quarto, e somos obrigados a ficar mal acomodados todas as noites por causa da Solange. Não agüento mais isso. Até quando?

O pai tenta amenizar a situação:

- Calma, Luzia. Não adianta nos desesperarmos. Temos que procurar ajuda.

- Como? Não podemos pagar um tratamento especializado para ela. Trabalhamos bastante, mas o que recebemos como pagamento pelas costuras mal dá para as nossas despesas! Por que tanto medo, tanto pavor? Nossa filha está apavorada e nem sabemos por quê! O que pode estar acontecendo, meu Deus?

- Calma, Luzia. Tem que haver um jeito! - insiste o marido.

Antero, uma das nobres entidades que estavam conosco,

aproximou-se de D. Luzia e, envolvendo-a com muito carinho, colocou-lhe a mão na fronte, emitindo uma sugestão que a senhora acatou docilmente.

- José, tive uma idéia! A Universidade tem serviço de atendimento à comunidade, segundo ouvi dizer. E se fôssemos pedir ajuda? Ah! Deus nos auxiliará, tenho certeza. Estou sentindo que é por aí que devemos começar.

Sem perceber a presença amiga, porém mais animada, cheia de esperança e de bem-estar transmitidos pelo benfeitor espiritual, D. Luzia resolveu:

- Hoje mesmo irei à Universidade. Vou relatar o caso da nossa filha e tenho fé em Deus que alguém vai nos ajudar.

Decidida, após fazer as tarefas rotineiras mais urgentes, D. Luzia saiu de casa, deixando a filha aos cuidados do marido.

Sem que ela suspeitasse, nós a acompanhamos até seu destino. Estávamos juntos quando conseguiu falar com a responsável e explicou o caso, tendo esta anotado com interesse os dados que D. Luzia forneceu, prometendo encaminhar para estudo. Entrariam em contato assim que fosse possível.

Sorridente, Antero convidou-nos a sair, afirmando, sereno:

- Vamos. Tudo está bem encaminhado. Por enquanto, nada mais temos a fazer aqui.

Satisfeitos, deixamos D. Luzia entregue a si mesma e retornamos à nossa sede.

Percebíamos que nossos Maiores sabiam o que estavam fazendo, que tinham uma visão muito nítida do que nos competia realizar, mas nossas condições, ainda bastante incipientes, não nos permitiam saber o que lhes ia na mente.

Notando nossas interrogações, Matheus informou gentilmente:

- Agora temos que aguardar. Montamos um esquema que deverá funcionar dentro de mais alguns dias.

- Como assim? - perguntei, curioso.

- Bem, o primeiro passo foi dado. Solicitada a ajuda técnica da Universidade, o "caso" irá parar nas mãos do Alexandre, que é aluno e está fazendo estágio.

Levei a mão à cabeça, como sempre fazia, exclamando:

- Puxa! Como não pensei nisso antes?

Todos riram, mas a verdade é que só agora as coisas começavam a fazer sentido para mim. Sim, agora estava compreendendo o objetivo dos nossos mentores. Dariam "um jeitinho" para que o caso viesse para os cuidados do companheiro Alexandre, e a ligação com a Casa Espírita estaria feita.

Mais uma vez não pude deixar de admirar a infinita sabedoria do Pai, que abriu caminhos onde nada víamos. O trabalho incansável desses amorosos amigos espirituais que, humildes e generosos, sem demonstrar o grande conhecimento e a vasta experiência que têm, ajudam anonimamente e com imenso amor, pelo simples desejo de servir.

Agradeço também a oportunidade de poder trabalhar com esses Mensageiros de Jesus, que, apesar das nossas deficiências e falta de condição, aceitam o nosso concurso, ensinando e orientando sempre.

20

DESESPERO DE CAUSA

Dali por diante estivemos sempre em contato com a casa de Solange. Quando possível, para lá nos dirigíamos, na execução da tarefa socorrista que nos competia auxiliar.

Naturalmente, pelas nossas condições ainda incipientes, fomos chamados a colaborar apenas pela bondade e gentileza dos nossos Maiores, que, com isso, nos propiciavam edificante aprendizado.

Tudo corria conforme o programado. No tempo devido, o "caso" foi entregue ao companheiro Alexandre, que, juntamente com uma outra colega, passou a visitar regularmente a residência da nossa assistida.

Através do conhecimento da Doutrina Espírita, Alexandre logo percebeu, pelo relato de D. Luzia e pelas atitudes de Solange, a forte influência espiritual negativa que existia naquela casa, passando a preocupar-se em ajudá-los, ao mesmo tempo que envolvia vibratoriamente toda a família em suas orações.

Certo dia, explicando em rápidas palavras o caso para os demais membros da reunião, o dirigente solicitou uma vibração especial para Solange, pedindo que os companheiros elevassem os pensamentos mentalizando a jovem em questão.

Por essa época, incomodados com o interesse que o processo despertara, as entidades vingativas fortaleciam-se, aumentando o cerco em torno da infeliz Solange.

Nessa noite, ao fazerem a mentalização, a médium desprendeu-se e foi encaminhada para a residência em foco. Lá chegando, percebeu o ambiente hostil e viu a moça em pânico, desprendida do corpo físico, gritando apavorada. Também assustada, a médium notou um bicho enorme, que deixava Solange aterrorizada: era uma imensa, gigantesca barata.

Naturalmente, o inseto não existia de fato. Era uma "criação mental"[1] das entidades obsessoras com o objetivo de desestruturar Solange, levando-a a enlouquecer de medo.

Envolvendo-a com muito carinho, Levi, a outra nobre entidade que nos acompanhava, atraiu-a à Casa Espírita, com vistas à sua recomposição mental, emocional e orgânica.

Retornando a médium à sala onde se realizava a reunião, Levi aproxima Solange do aparelho mediúnico, que passa a acusar o desespero da infeliz jovem.

Solange tenta falar e não consegue, tenta explicar o que sente, suplicar ajuda, mas suas condições não permitem.

Cheio de compaixão, intuitivamente o dirigente compreende o que está acontecendo, a importância de que o momento se reveste e a presença do espírito comunicante, não um desencarnado como de hábito, mas de um encarnado[2]. Com palavras meigas procura acalmá-la, suplicando a ajuda de Jesus, o Mestre Incomparável, e dos benfeitores da Espiritualidade que, não ignora, estão presentes no recinto.

Em contato com o organismo da médium, absorvendo-lhe as energias balsamizantes, Solange vai aos poucos se tranqüilizando, até que, mais refeita, adormece e é transportada para local de refazimento, dentro da própria Instituição, onde permaneceu algumas horas em recuperação, de forma a poder enfrentar novamente a sua existência.

Após o término das atividades da noite, o trabalho prosseguia na Espiritualidade ainda mais intenso. Havia muito por fazer. Ao fim das reuniões na Casa Espírita, às terças-feiras, encontrávamo-nos com os companheiros encarnados, libertos pelo sono, para a continuidade dos labores socorristas.

Visitávamos nessas ocasiões os envolvidos no processo, tentando dialogar com obsessores menos animosos, especialmente aqueles "contratados" para o serviço, isto é, entidades que se prestam a um determinado serviço em troca de um "salário", que tanto poderia ser recebido em "prazeres" que lhes fossem propiciados, como em ajuda em seus próprios processos de vingança, quando ocorre uma permuta de interesses. Muitos dos envolvidos no "caso Solange" estavam nessas condições e, em virtude disso, mais fáceis de convencer a desistir do "cargo", pela falta de vinculação emocional com o problema.

Dessa forma, conseguimos auxiliar muitos irmãos infelizes que, compreendendo afinal o mal que estavam fazendo a quem nenhum prejuízo lhes causara, passaram a colaborar conosco, transformando-se em excelentes servidores do bem e pontos de apoio de grande valor para a equipe.

Outros, mais resistentes, eram encaminhados para as reuniões mediúnicas, sendo envolvidos com muito carinho pelo grupo e obrigados a ouvir as considerações do dirigente encarnado, que procurava convencê-los à mudança de atitude, não raro acenando com a possibilidade de um "trabalho" melhor "remunerado" e em condições "mais agradáveis"[3]. Assim, através da palavra esclarecedora e convincente do doutrinador, aliada ao trabalho realizado pela equipe espiritual, eles capitulavam, finalmente tocados nas fibras mais íntimas.

Quando falo no trabalho realizado pela equipe desencarnada, refiro-me a todo um conjunto de ações cujo objetivo é despertar o irmão obsessor, como: o envolvimento com energias balsamizantes tendentes a melhorar o estado geral do comunicante; a elaboração de "quadros", como num filme de cinema, que visam acordar a sensibilidade do necessitado, seja projetando as imagens que o doutrinador evoca, reforçando o conteúdo das suas palavras, seja tentando despertar no comunicante a lembrança de fatos ocorridos no passado, envolvendo-o emocionalmente; a regressão da memória, propriamente dita, com o fito de mostrar-lhe as raízes do problema (que se encontram no passado, em acontecimentos tenebrosos que provocaram o ódio e o ressentimento de que não se pode libertar), especialmente levando-o a lembrar-se também de fatos que ele tenha anteriormente provocado em prejuízo daquele a quem hoje persegue; finalmente, a recepção no recinto sagrado das reuniões de espíritos muito queridos do comunicante, dos quais se afastou quando optou pelo mal: a figura de uma mãe, de um pai, de um irmão, de uma noiva, de um amigo, ou quem quer que se interesse pelo seu progresso e bem-estar.

Pode até parecer um trabalho fácil, visto pelo ângulo dos encarnados, contudo é profundamente complexo e envolve uma equipe que conta com dezenas de auxiliares, desde um simples tarefeiro até mentores de elevadíssima condição, que não temos a honra de conhecer.

Fizemos, dessa forma, conquistas valiosas, como os irmãos Roldão e Firmino; de truculentos inimigos, transformaram-se em colaboradores desejosos de servir e muito queridos por todos nós, conquistando nossa amizade.

Diversas vezes auxiliaram com êxito no convencimento de antigos comparsas, pela empatia existente entre eles e os ex-companheiros.

Contudo as coisas ainda estavam bastante complicadas em virtude da ação perseverante dos irmãos menos felizes, a cada dia mais irritados com as constantes "baixas" no seu contingente. Os chefes da falange obsessora tudo faziam para aumentar o cerco à jovem Solange, desestruturando-a cada vez mais e procurando levá-la à loucura.

Compreendendo que estavam lidando com um poder maior e desconhecido, reforçaram as defesas da residência de Solange, aumentando ainda mais o quadro de seguranças a serviço desse caso.

Estávamos um tanto apreensivos, mas Matheus sorriu e ponderou:

- Não se preocupem. Isso é desespero de causa!

NOTAS:

(1) A aparição não era uma alucinação, visto que a médium também viu e igualmente ficou assustada. Ver "O Livro dos Médiuns", de Allan Kardec, cap.VIII, que trata "Do Laboratório do Mundo Invisível".

(2) Ver o "Livro dos Médiuns", de Allan Kardec, cap.XXV, ítem 284 - Evocação das pessoas vivas.

(3) Não seria um argumento utilizado para enganar o espírito, acostumado a essa forma de remuneração. A verdade é que ele, após reeducar-se moralmente à luz do Evangelho de Jesus, poderá produzir o bem, trabalhando e servindo, fazendo jus aos benefícios de sua regeneração.

21

OS NINJAS

A nossa Solange - ou Osmar, como queiram - em existência pregressa havia prejudicado muita gente e, através dos seus atos nefandos, se ligado a uma falange de entidades orientais que agora surgiam estranhamente no contexto.

Em virtude disso, uma equipe de "ninjas" (utilizamos essa nomenclatura por falta de termos comparativos similares na Terra) passou a se responsabilizar pela segurança da residência de Solange.

Era interessante e amedrontador vê-los em ação. Vestidos de preto, uma larga faixa contornava-lhes a cintura; outra faixa, também preta, circundava-lhes a cabeça e encobria quase todo o rosto, deixando visíveis apenas os olhos. Na cintura, traziam uma espada longa de cabo dourado, que usavam em caso de necessidade.

Silenciosos, moviam-se como felinos, sendo muito cruéis e insensíveis.

Percebendo que os comparsas "desapareciam" após visita à Casa Espírita, as entidades obsessoras passaram a hostilizar os companheiros encarnados do grupo, estendendo a eles sua ação perturbadora, em virtude de estarem "atrapalhando" os seus planos, conforme afirmavam, envolvendo a todos no seu ódio.

Dessa forma, foram colocados seguranças "ninjas" também nas residências dos companheiros do grupo, que passaram a sentir a influência pesada e deletéria dos novos acompanhantes.

Contudo, conscientes das suas responsabilidades e, especialmente, amparados pela Espiritualidade Maior, os amigos encarnados continuaram firmes e coesos na sua tarefa.

Uma coisa era certa: Jesus estava no leme da embarcação e nada deveríamos temer.

Nossos Maiores, tendo em vista as circunstâncias e julgando o momento apropriado, resolveram tomar uma atitude mais ofensiva, procurando o "comandante" das operações em seu próprio reduto.

Como não estivéssemos em condições de participar de atividade socorrista de tal envergadura, pelos perigos que ela representava, ficou acertado que, do grupo de jovens, somente Eduardo faria parte da equipe.

O resto da turma permaneceria na sede, auxiliando com vibrações mentais, enquanto assistiria ao desenrolar das cenas de uma sala provida de aparelho extremamente sensível, à semelhança dos televisores da Terra, porém muito mais aperfeiçoado.

Combinado o horário da partida, reuniram-se os membros da equipe socorrista em determinado recinto, enquanto adentrávamos a sala de projeção, acomodando-nos confortavelmente em poltronas, para acompanhar a sucessão dos fatos.

Extremamente ansiosos, aguardávamos o início das operações com curiosidade. Afinal, era a primeira vez que iríamos ver alguma coisa semelhante.

Fomos alertados para manter o bom teor vibratório e bastante serenidade em quaisquer circunstâncias, pois, caso contrário, a tela se apagaria imediatamente.

Quando Olívio ligou o aparelho, a equipe reunia-se para orar. Ali estavam Matheus, Eduardo, Antero, Levi e uma senhora de extraordinária beleza que não conhecíamos e que proferiu a oração. Irmanamo-nos aos servidores do bem na prece que a nobre entidade, com simplicidade e pureza de sentimentos, dirigiu ao Criador, sensibilizando-nos a todos.

Ao final, a senhora despediu-se dos membros da equipe, elevando a destra radiosa e abençoando-os:

- Que o Senhor da Vida os acompanhe! Ser-lhes-ei grata eternamente pela generosa ação que se preparam para desenvolver. Nós os acompanharemos em pensamento, vibrando para que voltem coroados de êxito.

Em seguida, puseram-se a caminho. Até um certo ponto do trajeto volitaram. Acompanhando-os a se deslocarem pelo espaço, vimos quando desceram em região inóspita, à entrada de um vale sinistro. Dali, prosseguiram caminhando, pois a atmosfera fizera-se pesada e asfixiante.

Compreendemos que, para as elevadas entidades, o percurso não traria qualquer inconveniente, mas para Eduardo, que as acompanhava, sim. Por isso, continuaram caminhando lentamente.

A região era triste e desolada. A claridade se modificara aos poucos e agora o céu cobria-se de uma espécie de fumaça cinza-chumbo. Morros de pedras abruptamente alternavam-se com precipícios sombrios e ameaçadores. Aves de rapina crocitavam ao longe, ou passavam sobre os integrantes da equipe, fugindo espantadas. Estes seguiam por uma trilha estreita e pedregosa, descendo sempre.

Após horas de caminhada, que se tornava cada vez mais dificultosa, a paisagem foi-se modificando. Nesse momento, Antero falou-lhes da necessidade de se tornarem visíveis, abrindo mão das condições já conquistadas, facilitando assim o resto do percurso que lhes cabia vencer.

Estavam agora num terreno mais plano, onde uma neblina espessa dominava tudo. A trilha era ladeada por pântanos, de onde se ouviam seres gemendo e suplicando piedade; outros lamentavam-se e outros ainda praguejavam jurando vingança contra seus inimigos. A vegetação rala e rasteira era substituída, vez por outra, por arbustos de galhos secos e tortuosos, onde aves agourentas pousavam, observando-os passar.

Nesse momento, Antero dirigiu-se aos demais alertando em voz baixa:

- Caminhemos em silêncio total. Agora, todo cuidado é pouco. Apenas a oração será nossa ligação com as Esferas Superiores da Vida e a única maneira de nos reabastecermos de energias psíquicas vitalizantes.

Uma vez mais sentimos que a observação era dirigida para Eduardo, o único neófito em atividades do gênero. Generosamente, contudo, o aviso foi generalizado.

Também nós nos mantínhamos em absoluto silêncio, como se juntos estivéssemos e como se, àquela distância, pudesse alguém nos ouvir.

Prosseguindo o trajeto, chegaram até uma pequena povoação,

de construções sujas e malcuidadas, onde o trânsito de pessoas era intenso. Ninguém reparou neles.

Atravessaram a cidadezinha e, um pouco além, vimos com surpresa, à distância, os altos muros de uma fortaleza.

Nossos corações batiam acelerados. A equipe estava quase chegando ao destino. Nesse ponto, pela alteração vibratória detectada, a tela se apagou e a luz se acendeu automaticamente.

22

NA FORTALEZA

Poucos minutos depois, quando nos acalmamos, a tela voltou a se acender e a luz ambiente se apagou. Iria recomeçar a projeção.

Nossos amigos continuavam caminhando e, enquanto a distância diminuía, observávamos a fortaleza ao longe. Era uma formidável construção, com altos muros de pedra que a contornavam por inteiro, à semelhança das cidadelas fortificadas da Idade Média. A espaços regulares erguia-se uma torre de vigia.

Os telhados e cumeeiras traziam traços inconfundíveis do estilo oriental, conquanto não primassem pela suavidade de linhas e pela delicadeza no acabamento, que são características desse estilo de construção. Ao contrário, dir-se-ia que era um pálido arremedo da arquitetura oriental.

Dentro em pouco estavam próximos aos formidáveis muros. O imenso portão achava-se aberto e muitas entidades transitavam por ali. O grupo não teve qualquer problema para entrar. Ninguém reparou neles, cada qual preocupado com seus próprios problemas.

Achavam-se agora num grande pátio, cercado pelas construções, onde se viam muitas passagens que, com certeza, levariam a outros lugares da fortaleza.

Como se conhecedores do local, encaminharam-se para uma porta para onde se dirigiam também outras pessoas.

Entraram. Era um imenso salão, destituído de móveis, onde se congregava uma multidão de aspecto bizarro. No fundo, ao centro, existiam alguns degraus; após o último via-se uma espécie de trono - uma enorme poltrona, de alto espaldar, toda enfeitada.

Observando os que ali estavam, tínhamos a nítida impressão de nos encontrarmos na corte de um soberano do passado. Áulicos e vassalos, vestidos com roupas antigas, conversavam com familiaridade e se movimentavam com naturalidade no recinto. Uma parte dos que ali se congregavam integrava a segurança, fiscalizando tudo ao redor;

outros, percebia-se, eram servos, que obedeciam servilmente às ordens recebidas. Em menor número, viam-se entidades que ali estavam para solicitar algo. Alguns, fisionomias patibulares e aterradoras, eram comparsas que desejavam permutar interesses, até chefes de outras falanges dedicadas ao mal, que vinham pedir reforços na consecução dos seus objetivos; outros, eram criaturas desejosas de vingança contra seus ofensores, mas que, não tendo poder, vinham solicitar ajuda ao poderoso chefe. Outros, ainda, eram espíritos débeis e tímidos, viciosos, meio dementados, mais necessitados de ajuda que de outra coisa, e que ali haviam sido trazidos naquele dia para ingressar no "serviço", recolhidos que foram vagando pelas estradas, pelas ruas das cidades, em bares e lupanares. Estavam assustados e agrupavam-se, temerosos. Alguns choravam, outros gemiam e se lamentavam, entre queixumes e blasfêmias, outros, feridos, sangravam continuamente.

No meio dessa multidão, nosso grupo se destacava pela tranqüilidade incomum naqueles sítios. Algumas entidades até olhavam desconfiadas e curiosas, mas passavam adiante preocupadas consigo mesmas.

Próximo de Matheus, Eduardo interrogou-o num sussurro:

- Que reunião é essa? Parece que estamos esperando alguém muito importante, um rei!

Com um gesto de cabeça, Matheus concordou, completando:

- Sim, é isso mesmo. E observe que nada distingue essa sociedade da sociedade terrena. Os componentes de uma padecem dos mesmos problemas da outra. A diferença é de densidade vibratória apenas, e em grau bastante reduzido, pois seus corpos espirituais são bastante densos.

- Estou impressionado!

Matheus sorriu e disse:

- Essa reunião não é das piores. Aqui estão apenas os que têm alguma petição a fazer. A sessão do Tribunal é terrível. Seria muito instrutivo se pudéssemos participar de uma, mas, infelizmente, nosso tempo é escasso.

Eduardo preparava-se para fazer outra pergunta, quando ouviu-se um rufar de tambores e o som de cornetas. De repente, todos se calaram aguardando com ansiedade.

Precedido por uma guarda de honra composta de "ninjas", entrou o personagem central, atraindo a atenção de todos. Com toda a pompa, transportado numa cadeira cujos varais eram sustentados por quatro escravos grandes e fortes, como os reis do passado, o chefe todo-poderoso vinha luxuosamente trajado em escarlate, preto e dourado. Na cabeça trazia uma espécie de chapéu, lembrando mais uma coroa, cravejado de pedras preciosas; no peito via-se um grande medalhão suspenso de grossa corrente de ouro; nas mãos os dedos achavam-se cobertos de anéis.

Mas o que mais impressionava naquele homem eram os olhos, que passeavam pela assistência frios e cruéis, profundamente magnéticos.

Todos curvaram-se à passagem do cortejo que se encerrava com outra guarda de "ninjas".

Ao chegar à frente, desceu e tomou assento no "trono".

Por especial deferência, nesse dia receberia a todos os que tivessem pedidos a fazer, queixas a expor, processos em andamento.

Aproximou-se o "assistente" do poderoso chefe, uma espécie de ministro e mestre-de-cerimônias, que apresentou o primeiro caso. Tratava-se de uma mulher ainda jovem que fora aprisionada com um grupo e parecia apavorada. Com os cabelos em desalinho, as roupas desfeitas, os olhos cheios de medo, ajoelhou-se perante aquele que era considerado o senhor supremo daqueles domínios e suplicou piedade.

- Meu Senhor, esta mulher sempre teve vida dissoluta, traiu a muitos homens e, em seguida, abandonou-os. Abandonou também os filhos para gozar dos prazeres da carne.

Ouvindo as súplicas da mulher e fitando-a indiferente, ele ordenou com profundo desprezo:

- Como foi essa a vida que escolheu, é a que terá. Localize-a junto a um prostíbulo. Servirá aos prazeres dos homens.

- Não, Senhor, piedade! piedade!

Indiferente aos rogos da mulher, os guardas arrastaram-na para fora do recinto, desaparecendo por uma pequena porta lateral.

Em seguida, um velho, magro e pálido, apresentou-se pedindo ajuda para vingar-se de um filho que, desejando receber mais cedo a herança que lhe cabia por direito, lhe destruíra a vida. Depois, foi a vez de uma mulher que, descobrindo após a morte que fora em vida atraiçoada pelo marido com a melhor amiga, queria vingar-se dele.

Apresentaram-se diversos casos, muitos até que nos impressionaram. Para cada um deles tinha sempre uma palavra de estímulo e promessa de ajuda, esclarecendo que, por sua vez, teriam que trabalhar a benefício dos outros, justificando:

- Uma mão lava a outra!

Os peticionários saíam dali satisfeitos e esperançosos, repetindo invariavelmente:

- Obrigado. Seremos seus fiéis servos de ora em diante. Pode contar conosco.

Em seguida, a poderosa entidade dirigiu-se a seu auxiliar direto ordenando:

- Cadastre-os e os encaminhe para junto dos grupos onde serão mais úteis e melhor aproveitados conforme suas potencialidades, como de praxe.

Estávamos pasmos ante a organização e eficiência da falange consagrada ao mal.

23

A PETIÇÃO

Quando a reunião estava quase no final, Antero, Levi, Matheus e Eduardo se acercaram, causando curiosidade nos que estavam mais próximos. Nesse momento, grande parte do pessoal já se dispersara; pouca gente estava no salão.

Olhando para o assistente, o poderoso chefe indagou:

- Quem são eles?

- Ignoro, Senhor. Nunca os vi por estas bandas - respondeu, constrangido pela sua ignorância.

Aproximando-se, Antero dirigiu-se a ele com serena humildade:

- Senhor, aqui estamos movidos pelas melhores intenções de ajudar o próximo. Trazemos uma petição em favor de uma certa jovem cujo processo está em tuas mãos.

- De quem se trata?

Com delicadeza o mensageiro do bem esclareceu:

- Trata-se da jovem Solange, que se encontra sobre forte esquema de segurança, sob suas ordens.

Colérico, o chefe bradou:

- Basta! Como ousa vir aqui suplicar-me algo em benefício daquela criatura infame?

- Poderoso Sukarno, aqui estamos em nome de alguém que nunca te esqueceu e que almeja poder abraçar-te um dia.

- Quem?

- A nobre Berenice.

Com expressão de incredulidade, ele berrou:

- Impossível!

- É verdade, Senhor.

- Não vejo essa mulher há séculos! Como sabe o seu nome?

- Estive com ela. É minha amiga e preocupa-se muito com o Senhor.

Sukarno pareceu titubear por alguns segundos, atingido nas fibras mais profundas; contudo, não querendo demonstrar fragilidade perante seus subordinados, ele indagou, após alguns momentos de reflexão:

- Afinal, o que deseja? Aquela criatura a quem protege prejudicou muita gente e, mesmo que eu me retirasse, existem muitos outros credores que não lhe darão tréguas.

- Sabemos disso, Senhor. Solicitamos apenas que não se empenhe pessoalmente no caso.

- Bem, se é só isso o que deseja, vou pensar. Advirto-o, no entanto, que será inútil. A lei está em andamento e o infame deverá pagar.

Curvando a cabeça, Antero assentiu:

- Não ignoramos, Sukarno, essa verdade. Todavia, desejamos obter uma moratória, de forma que Solange tenha mais tempo para saldar seus débitos, em condições diferentes, menos dolorosas.

- Que ousadia! Invadir meus domínios para suplicar-me algo. Volto a advertir, porém, que não mexa com o meu pessoal. Temos perdido muita gente, colaboradores valiosos, e não vou tolerar interferências indébitas.

Sem se comprometer, o emissário do bem calou-se.

Com um gesto, o poderoso chefe deu por encerrada a entrevista e os nossos amigos se afastaram.

Quando o grupo retornou, reunimo-nos para dialogar. Fora uma experiência única para nós e extremamente interessante. Estávamos cheios de indagações.

Betão iniciou perguntando:

- Nota-se que Sukarno considera-se um verdadeiro rei e que todos se curvam ante suas ordens. Como pode ser isso? E a soberana justiça de Deus?

Com olhar compassivo, Antero ponderou:

- Compreendo o que está pensando, meu amigo. É doloroso ver outros seres, irmãos nossos, rastejando perante alguém que se utiliza do poder e da força para escravizar, ferir, torturar.

Os jovens presentes concordamos em uníssono. Após uma

pausa, o generoso mentor prosseguiu:

- Contudo, devemos lembrar que não existem injustiças sob as leis do Criador. Cada um encontra aquilo que procura. Aqueles infelizes companheiros não estariam em situação tão degradante se merecessem outra coisa. Sukarno apenas se utiliza da lei de causa e efeito, que conhece muito bem, arvorando-se em instrumento de Deus. Portanto, aquelas entidades que lá estão, apenas recebem o que merecem pelos atos praticados. Bastaria que desejassem melhorar, que elevassem o pensamento ao Criador, para que a sua situação mudasse radicalmente.

- Mas, e Sukarno? Também não deve e não deverá pagar por tudo o que tem feito?

- Sem dúvida. O poder existirá enquanto o Senhor permitir. Desde que Sukarno não aceite sua culpa, estará bem, do ponto de vista dele. No dia em que consentir que o remorso se instale, começa o processo de resgate. E ele sabe disso. Por essa razão que as entidades vinculadas ao mal não se permitem lembrar o pretérito. Passam, inclusive, por um processo de esquecimento, que bloqueia as lembranças do mal que praticaram a outrem. Recordam tão-somente o mal que receberam, lembranças essas que utilizam nas ações de vingança.

Todos estávamos pensativos ante os esclarecimentos de Antero.

- É pena que depois de tanto esforço não tenhamos obtido o resultado que se esperava! - exclamei, melancólico.

- Como assim? - indagou Matheus.

- Bem, Sukarno não concordou expressamente com a petição que lhe foi feita pelo grupo. Apenas ficou de pensar no assunto...

Antero, Levi e Matheus olharam-se e sorriram.

Foi a vez de Levi falar, elucidando:

- Engano seu, César Augusto. A missão foi coroada de êxito! Quando partimos, nossa finalidade era apenas ter ocasião de citar o nome da nobre Berenice, que ele não vê há séculos como afirmou, para que Sukarno se lembrasse dela, o que pode facilitar o restabelecimento de vínculo entre eles.

Perante nosso assombro, Levi continuou:

- Conseguimos nosso objetivo. Levando-o a recordar-se da figura materna, colocamos novos pensamentos em sua mente. Agora, até contra a sua vontade, deve estar meditando no assunto, recordando imagens e vivências antigas e quase que apagadas, revitalizando-as. Isso fará com que fique mais propenso a uma ajuda no futuro e, ao mesmo tempo, facilitará as conexões mentais com a mãezinha, que poderá se aproximar um pouco mais.

- Ah! Que interessante! - exclamou Sheila, emocionada. - Quanta dor, quanto sofrimento, quantas mágoas, podemos perceber nas entrelinhas...

- Sim. Apesar de toda a arrogância e crueldade que aparenta, Sukarno vem, há algum tempo, demonstrando um certo cansaço, uma apatia, que denotam desejo íntimo de mudança. Sabendo disso, resolvemos aproveitar o ensejo.

Tendo Levi feito uma pausa, Antero, demonstrando todo o seu interesse no caso*, completou, sensibilizado:

- Vamos aguardar. Deus proverá.

Ainda uma vez não pudemos deixar de admirar a ação desses generosos companheiros da Espiritualidade que tudo fazem em prol dos semelhantes.

Enquanto julgávamos que o único objetivo da expedição era ajudar Solange, eles estavam trabalhando, também, em benefício do seu algoz.

Quanto nos falta ainda aprender!...

Nota do autor espiritual:

(*) Antero nos relatou, certa vez, sem maiores detalhes, que se considerava um dos culpados pela falência moral de Sukarno. Em virtude disso, desde que tomara consciência de sua responsabilidade, esforçava-se o máximo para ajudar o antigo cúmplice.

24

A VISITA DE SUKARNO

As atividades continuavam intensas. Sempre que possível, eram trazidos companheiros de Sukarno para serem esclarecidos nas reuniões mediúnicas.

Causava-nos espanto o fato de que, junto a Solange, existiam entidades completamente diferentes entre si, com indumentárias de épocas e raças diversas.

Certa ocasião comentei com o assistente Matheus, falando-lhe da estranheza que isso nos causava.

- Interessante observar, por exemplo, que convivem ao mesmo lado um nobre europeu da Idade Média, negros africanos, que, se percebe, viveram como escravos no Brasil-Colônia, além de "ninjas" orientais!

Ele sorriu, concordando:

- Exatamente. O que os une é o desejo de vingança. Vibram na mesma faixa de ódio, sintonizados pelo rancor que desenvolveram contra aquele que tanto os prejudicou. Nosso Osmar, atualmente Solange, é espírito muito comprometido com o mal, e que, em encarnações diversas, tem-se chafurdado no lodo e na degradação moral, utilizando-se do poder e do carisma pessoal para dominar a todos aqueles que tiveram a desdita de conviver com ele e, mais ainda, de se tornarem seus inimigos. A sementeira foi extensa e o mal proliferou, vigoroso, pelas condições de inferioridade das criaturas, incapazes de sobrelevarem a iniquidade humana. Faltos também das conquistas superiores da moral e da razão, que lhes dariam suporte necessário para vencer, não conseguiam desligar-se dos vínculos negativos que as constringiam nem da influência perniciosa de Osmar.

- Cada vez mais é preciso nos conscientizemos de que todo ato gera conseqüências e responsabilidades que, cedo ou tarde, nos alcançam para o devido reajuste - comentei, pensando no meu próprio problema.

- Felizes daqueles que já entendem essa realidade e que se preparam para enfrentar a própria sementeira - considerou ele.

Nesse momento chegaram outros companheiros e a conversa se generalizou.

Junto vinha um amigo, chegado recentemente da Crosta planetária e com quem eu tinha muitas afinidades, por tê-lo conhecido quando ainda encarnado. Era o Padilha, que viera reforçar o nosso grupo trazendo colaboração valiosa, pela sua bondade e simpatia.

Aguardávamos a presença de todos os companheiros para sairmos em caravana rumo à Crosta terrestre, onde o trabalho nos esperava. Uma grande alegria nos irmanava os corações naquele final de tarde, quando as primeiras luzes surgiam no firmamento.

Alguns dias depois, fomos avisados de que chegara um momento de extrema importância para o nosso trabalho, relacionado com o "caso Solange".

Havendo perdido muitos trabalhadores, alguns ocupando cargos importantes dentro da organização, Sukarno estava sumamente furioso e não tardaria a dar um passo desesperado. Viria pessoalmente à nossa reunião das terças-feiras.

Não apenas em virtude disso, mas também porque todo o grupo, especialmente o dirigente encarnado, percebendo a importância do momento, procurava envolvê-lo em vibrações benéficas, através da oração. Indo além, e não ignorando a influência do pensamento, esse dirigente procurava cercá-lo a todo instante, mentalmente, ligando-se poderosamente ao cérebro de Sukarno e imantando-o com suas vibrações carinhosas e fraternas. Bastante incomodado, sentia-se irresistivelmente atraído para o grupo.

Assim o aguardávamos para a próxima reunião. No dia aprazado, achávamo-nos em plena atividade quando ele chegou. É preciso se diga que toda a operação havia sido cuidadosamente planejada por nossos Maiores, conquanto o infeliz companheiro das sombras acreditasse estar executando atos de sua exclusiva vontade.

Com grande aparato, como era de costume, fez-se presente no recinto da Casa Espírita, com seu séquito, acreditando piamente que conseguira vencer a nossa segurança, que considerava falha e ineficiente.

A médium começou a sentir os efeitos da sua aproximação; conquanto ele não soubesse, já estava a ela ligado durante todo o dia.

O poderoso auxílio da Espiritualidade Maior se fez presente, no sentido de conter-lhe a violência e a impetuosidade. A psicosfera do recinto tornou-se pesada e asfixiante, envolvendo a todo o grupo encarnado, conforme a sensibilidade de cada um.

O dirigente da reunião, notando-lhe a presença junto à médium, incentivou-o com brandura:

- Fale conosco, meu irmão. Sabemos que você está aí. Você é muito bem-vindo. Venha, em nome de Jesus.

Apossando-se das faculdades mediúnicas e com respiração estertorosa e rouquenha, protestou:

- Quem me chama? Quem se atreve a chamar-me? Quem se atreve? - disse ele com voz colérica.

- Seja bem-vindo, meu irmão. Somos amigos.

- Eu não tenho amigos! Tenho subordinados!

- Pois tem a nós.

O comunicante não entendia porque aceitava o diálogo, conquanto tivesse desejo de destruir a todos que ali estavam. Sentia-se manietado, contido.

- Por essa ousadia você pagará caro!

O doutrinador falava com mansidão e humildade:

- Sei que é muito poderoso. Como deve ter percebido, tenho pensado muito no senhor.

- Tenho sido incomodado, é verdade - respondeu, irônico.

- Como o senhor sabe dos nossos sentimentos, sabe também que não queremos de maneira alguma prejudicar ninguém. Só desejamos o seu bem. O senhor sabe disso, porque tenho deixado isso muito claro.

Percebendo a consideração e o respeito com que era tratado, o comunicante respondeu do alto da posição em que se julgava estar, condescendente:

- Eu sei, mas seus pedidos não têm procedência e, portanto, não serão deferidos.

- Ele deve tê-lo prejudicado muito, não é verdade? - disse o doutrinador, procurando entrar no assunto.

- Você não sabe quem está ali.

- É. A gente imagina.

Continuando, a entidade esclareceu:

- Você não sabe da maldade, do poder de destruição, da astúcia, dos ardis... Sim, ele prejudicou muito. Não somente a mim, mas a muita gente e, por isso, hoje está sofrendo as conseqüências.

O dirigente concordou:

- O que é muito justo. Não poderia deixar de ser justo, pois Deus é todo justiça.

Fez uma pausa e prosseguiu com brandura:

- Mas nós não somos deuses. Por mais que nos esforcemos, nós não somos deuses.

Cheia de orgulho e prepotência, a entidade interrompeu, frisando as palavras:

- EU SOU! EU MANDO! EU POSSO! E ninguém discute as minhas ordens. Tenho muita gente a meu serviço. Servidores fiéis. Um levantar de dedo é suficiente para que qualquer ordem minha seja cumprida.

- Eu sei disso. Mas o senhor não percebe que há muita bondade em seu coração? Quanto tesouro não está escondido? Quanto tesouro não foi enterrado pelo sofrimento? Um sofrimento que, com toda a certeza, tem sua razão de ser. Se há justiça em tudo, o que nós passamos também é justo. Mas, eu sinto que o senhor é bom e que tem muita luz em seu coração. Muita luz, muita coisa boa, muitas lembranças boas, que talvez o senhor não queira se recordar, mas que existem.

- Você não sabe o que está dizendo! E advirto-lhe: sou vacinado contra a lisonja.

- Mas é verdade! - prosseguiu Alexandre. - Se todos nós tivemos infinitas vidas, todos nós vivenciamos muitas coisas, muitas situações e nós não somos como nos apresentamos. Somos muito diferentes porque um ser integral que já amou, que já viveu muita felicidade...

- Sim, eu já fui simples e ignorante - falou com profunda amargura.

- O senhor já amou. Isso não é simplicidade, nem ignorância.

- Mas eu me fortaleci para poder vencer. Para poder vencer os obstáculos da vida, os infortúnios, as dores, os sofrimentos. Hoje, nada mais me toca. Estou petrificado por dentro... e por fora.

- Nós não acreditamos nisso. Porque isso é impossível... isso é impossível. Se temos a fagulha de Deus dentro de nós, isso é impossível. É uma questão de tempo, simplesmente.

- Mas a fagulha de Deus é a inteligência, e isso eu tenho.

- Acredito.

- É o pensamento, e isso eu uso.

- Mas a sabedoria, meu amigo, é a inteligência a caminho de Deus.

- NÃO! - reagiu ele, peremptoriamente. - A sabedoria é sabermos usar as condições conforme se apresentam. De modificar as situações, a nosso favor, quando elas pareçam absolutamente contrárias e opostas aos nossos desejos.

- De qualquer forma, todos nós caminhamos para Deus e só com o bom uso da nossa inteligência e com o amor, que nós temos, é que vamos caminhar em direção a Ele. Do contrário, seremos vítimas da nossa própria ingratidão, do nosso próprio descaso com Suas leis e com Sua bondade. Mas, mesmo assim, existem muitas soluções para nós. Não podemos imaginar as condições de existência para aqueles que se rebelam contra a bondade de Deus.

Percebendo que a conversa passara a terreno perigoso, ele reagiu, colérico:

- Basta! Não admito que se fale nesse nome na minha presença! - esquecendo que ele próprio, momentos antes, já havia falado.

- Deus?!...

- É... - A entidade parecia um tanto temerosa.

- Mas, é a força do Universo! Está em tudo e está em todos...

- Não admito! - interrompeu ele.

- Deus é a suprema bondade.

- Condescendi em vir conversar por alguns momentos atendendo a insistentes reivindicações. Mas, afianço-lhe que seu tempo está se esgotando.

- Sou profundamente grato ao senhor por ter aceitado vir falar conosco. Pode perceber que dentro de nós não existe sentimento negativo com relação ao senhor. Pelo contrário, só desejamos o bem e que todos saiam ganhando. Na verdade, a vingança dói. Não somente no que está sofrendo, mas também naquele que se vinga, porque continua preso ao seu algoz, lembrando-se dos acontecimentos constantemente, o que é muito doloroso.

Sentindo-se compreendido pelo encarnado, comentou:

- Mas hoje estou a cavaleiro da situação. No começo foi muito difícil. Hoje aprendi a vencer tudo isso. E atualmente não me encontro envolvido com esse problema apenas - referindo-se ao caso Solange -, mas com muitos outros, uma infinidade de outros, que me chegam através dos meus subordinados.

- O senhor deve ter muito poder!

- E tenho - concordou com orgulho.

- Mas, se o senhor pudesse ver todas as pessoas que aqui estão neste instante, com os braços abertos para o senhor. Se pudesse ver, acharia muito interessante. Quantos afetos, quantos amores antigos.

Nesse momento, as entidades amigas e familiares, que se postavam um pouco afastadas acompanhando o diálogo, aproximaram-se. Aquele que fora seu pai, a esposa e uma filha ali se encontravam, vibrando em favor de Sukarno. Também a nobre entidade Berenice, sua mãe, que era o espírito de maior elevação entre eles, se encontrava presente envolvendo-o com muito amor.

Um tanto sensibilizado pelo ambiente, ele falou:

- Não me fale de amores.

- Mas eles estão aqui, com os braços abertos - afirmava o

dirigente intuitivamente. - O senhor não está vendo, eu também não, mas "sei" que estão aqui.

- Não quero saber nada disso - respondia, temeroso, lembrando-se de todo o mal que fizera.

- Eles estão aqui e o chamam. Há quanto tempo?...

- Se chamam, sou surdo a esses apelos.

- Lançam pensamentos de amor, as lembranças do passado, as venturas, a felicidade, que nunca vão morrer em seu coração, tenha certeza.

Os técnicos da Espiritualidade começaram a projetar em uma tela passagens da vida de Sukarno, quadros de muita ternura, coloridos de forma magistral, em que personagens familiares ali se movimentavam como nos mais belos dias de sua existência.

Mas a essas visões, emocionado, não querendo ceder, ele afirmou, voltando às matrizes do seu sofrimento:

- A única coisa que sinto é o ódio.

- Não. Não é o ódio. É o amor.

- É a vingança.

- É do amor que vêm as coisas belas.

- Só tenho desejo de cobrar o que me é devido.

- Desejo de amar e ser amado - insistia o orientador.

- Não. Isso não entra em minhas cogitações.

- Meu irmão, ser obedecido não é o mesmo que ser amado.

- Meu desejo é poder... glória...

- Mas que o deixam completamente vazio. Eu sei disso porque também sou gente e imagino o que o senhor deve sentir. De que adianta sermos cálices bonitos, mas vazios? Adianta sermos obedecidos, e não sermos amados? Como vivermos sem o amor em nossas vidas? Esse licor divino que penetra todo o nosso ser e nos faz mais belos, mais amigos. É alegria divina. Não podemos viver sem ele.

Falava profundamente inspirado por um dos mensageiros do nosso Plano, que Sukarno não percebia. Sentindo-se fraquejar, ante as presenças queridas, ele gritou:

- Ora, basta! Basta!

- Não podemos viver sem amor - continuava insistindo Alexandre, aproveitando a vibração do momento. - E é isso o que as pessoas aqui presentes lhe oferecem e o senhor não quer ver, não quer escutar. Mas elas aqui estão e o chamam. Bastaria uma palavra para que o senhor as visse, as ouvisse. Apenas uma palavra. Para sentir o calor das mãos queridas que continuam preocupadas com o senhor.

O orientador prosseguia insistindo, enquanto a entidade permanecia calada, concentrada em si mesma, ponderando tudo o que lhe havia sido dito. Nesse instante, aproveitando seu estado mental mais acessível, a mãe, o pai, a esposa e a filhinha se aproximaram ainda mais, envolvendo-o com muito amor e chamando-o.

Afinal ouvindo algo, ele inquiriu:

- Quem me chama? Ouço alguém me chamar... Quem me chama? - repetiu, procurando distinguir as vozes.

- Mãe? Pai? Não é possível!

Todos nós estávamos profundamente sensibilizados. O dirigente confirmou:

- É possível, sim. Abra os olhos para a eternidade. Veja, meu irmão!

- É a minha Glória! Minha filhinha!... De onde vem essa voz?

- O senhor quer ver? Ela está aqui! Graças a Deus!

Nesse momento iniciou-se uma conversa entre o espírito comunicante e uma das entidades. A esposa, pelas condições menos evolvidas mais facilmente se fez visível, junto com a filhinha, e o conclamou à mudança de atitudes:

- Meu querido, basta de loucuras! É chegado o tempo da tua renovação! Não perseveres mais no mal que, infelizmente, escolheste um dia...

Ele chorava, tocado nas fibras mais íntimas. Ela prosseguia:

- Sei o que pensas. Que mergulhaste na degradação por amor de nós, tua família. Contudo, querido, esqueceste que Deus é Pai de todos nós e que é a suprema bondade e a justiça maior.

Estávamos saldando débitos antigos, que preferiste ignorar. Não... mas não estamos aqui para julgar-te. Desejamos apenas ajudar-te para que não te infelicites mais, nem a outrem. Vem... Vamos conosco. Tua mãe e teu pai aqui também estão e te aguardam com carinho. Vem...

Chorando muito, Sukarno agradeceu e se despediu. Nós igualmente uníamos as nossas lágrimas de contentamento às dos encarnados, enquanto bênçãos do Alto caíam sobre nós como pétalas de rosa. Do Infinito ouvia-se uma melodia entoada por vozes cristalinas, produzindo imenso bem-estar e sensação de felicidade em todos os presentes.

Do nosso lado, Berenice recebeu o filho que adormecera, exausto, para começar uma nova vida. Tomando-o nos braços, agradeceu a todos, elevando ao Criador uma prece de gratidão pelas dádivas dessa noite; em seguida, acompanhada dos demais familiares, alçou-se ao Infinito com o fardo leve dos seus amores, desaparecendo em meio às estrelas que pontilhavam o firmamento.

25

O TRABALHO PROSSEGUE

A satisfação do trabalho realizado é bênção que as criaturas ainda não aprenderam a valorizar devidamente. Quando conseguimos fazer algo de útil e edificante, ajudar alguém necessitado, enfim praticar o bem, qualquer que ele seja, sentimos uma alegria tão grande que nos compensa de todas as canseiras, de todas as dificuldades, de todos os obstáculos encontrados na realização das nossas tarefas.

Era assim que nos encontrávamos naquela noite. Um grande hausto de amor nos ligava ao infeliz Sukarno, transformando-o numa criatura querida, como se fosse da nossa própria família.

São essas emanações de afeto que, exteriorizadas tanto por encarnados quanto por desencarnados, em favor daquele que está necessitado, auxiliam poderosamente em sua mudança interior.

Durante muitos dias nos sentimos em estado de graça, ainda lembrando com emoção e carinho os detalhes daquela noite memorável. Em nossas preces envolvíamos o companheiro Sukarno, que se encontrava em recuperação numa unidade hospitalar, em vibrações carinhosas e fraternas.

Entretanto, as atividades prosseguiam. Sabíamos que não seria o fim. O "caso Solange" não estava resolvido. Tínhamos conseguido resgatar algumas entidades mais necessitadas, e com Sukarno obtivemos expressiva vitória do bem sobre as trevas. Mas era só.

A falange das sombras, passado o primeiro momento de estupor, quando viu que o poderoso chefe não retornava, agilizou a recomposição dos cargos vagos. Aquele auxiliar direto de Sukarno, espécie de ministro e mestre-de-cerimônias, dada a influência que exercia junto aos subordinados e o profundo conhecimento que tinha de todos os processos em andamento e das técnicas utilizadas, era o mais indicado para ocupar-lhe o lugar. E não titubeou. Apoderou-se da situação antes que outro o fizesse.

Por isso, as atividades prosseguiam. Outros espíritos foram

trazidos para comunicação e muitos foram auxiliados. Redirecionadas suas vidas, em face da nova visão, esqueciam ofensas e vinganças, adequando-se ao objetivo do bem maior, ou seja, a própria evolução.

O "caso Solange" prossegue e se estenderá ainda por muito tempo, até que todos os implicados, como ovelhas desgarradas, sejam reconduzidos ao aprisco do Senhor.

Falando em todos os implicados, refiro-me também a Osmar - atualmente Solange -, que deverá modificar sua vida, em obediência às leis divinas, quando retomar as diretrizes de evolução que são inelutáveis, através da transformação moral.

Na presente existência encontra-se contido pelas próprias condições físicas, processo educativo utilizado por Deus para que o ser imortal repense suas atitudes através do sofrimento, da dor, da humilhação. Que sinta, na própria pele, o mal que causou a outros seres. Que, compreendendo isso, se arrependa e deseje reparar esses danos. Finalmente, que compreenda que somente o amor nos dará a felicidade e a paz que almejamos, porque produto de uma consciência pacificada.

Esses assuntos conversávamos em nossas noites de folga, na varanda da nossa casa, fitando o firmamento estrelado e felizes interiormente por uma atividade coroada de êxito.

Suspirando, Maneco Siqueira externou seus sentimentos:

- Compreendo tudo isso, mas sinto profunda piedade por Solange, que continuará sua vida em meio a problemas que não tem condições de solucionar.

Todos concordamos em uníssono. Eduardo ponderou, cheio de compaixão:

- É verdade. Contudo, não podemos perder de vista que não vamos resolver todos os problemas, gente! Temos que ajudar e passar... Tem situações que somente o tempo trará a solução. Não nos esqueçamos de que Deus é justo e que estamos todos sujeitos à lei de causa e efeito.

Matheus, que viera nos fazer uma visita naquela noite, lembrou oportunamente:

- Nossa ótica muitas vezes é distorcida porque vemos com os

olhos do sentimento, e não da razão. Não nos esqueçamos de que toda experiência é importante e que Solange está tendo o aprendizado de que precisa. Concordariam vocês em ver um criminoso da pior espécie solto no meio das ruas, semeando todo o mal que deseja? Matando, roubando, torturando outras pessoas, sem que alguém tomasse qualquer atitude para contê-lo?

- Não, claro que não! Que horror! - exclamou Ana Cláudia.

- Pois bem. O que acham que deve ser feito com esse criminoso?

- Deve ser colocado atrás das grades, naturalmente, para que a sociedade não sofra mais suas agressões! - afirmei, com a concordância geral.

Padilha, que era novo no grupo, timidamente considerou:

- Li outro dia no Novo Testamento que Jesus ensina que não temos o direito de julgar ninguém. Como entender essa lição do Mestre?

- Bem lembrado - falou Matheus. E, fitando a cada um, perguntou:

- Alguém deseja responder à pergunta do nosso Padilha?

Marcelo pensou por alguns instantes e considerou:

- Todo o Evangelho de Jesus é um repositório de ensinamentos que, contudo, não devem ser entendidos de forma radical. "A letra mata e o espírito vivifica", disse Ele em outra oportunidade. Em relação ao julgamento que possamos emitir a respeito dos nossos semelhantes, quis dizer que a nossa autoridade é a moral, tem que ser proporcional ao exemplo que possamos dar. Alguém que viva cometendo determinado erro não terá autoridade moral para apontar o erro do outro. Por exemplo: alguém que fuma não poderá criticar a outrem por estar fumando, e assim por diante.

Fez uma pausa e prosseguiu:

- Se levássemos às últimas conseqüências essa lição de Jesus, a sociedade não teria condições de sobrevivência porque ficaria à mercê dos maus. Além disso, quando está em jogo a vida humana, o direito da maioria tem prioridade sobre o de uma única pessoa. Assim, para a sociedade, é uma bênção que existam cadeias e penitenciárias na Terra. Caso contrário, o mal dominaria por certo.

- Exatamente - concordou Matheus, completando - Em relação aos espíritos desencarnados ocorre a mesma coisa. Muitas vezes a sua maldade é tão grande e espalham tantos malefícios que Deus os "interna" na carne para que fiquem contidos. Ali, aprisionados num corpo, estão como que em cárceres privados.

Com os olhos úmidos, Sheila considerou:

- Compreendo tudo isso, mas continuo sentindo piedade por Solange, que sofre muito.

- Sim. E deve continuar sentindo, querida Sheila - respondeu Matheus -, porque Jesus colocou o amor, estendido a todas as criaturas, como meta para todos nós. Aí estará a nossa grandeza, quando conseguirmos amar a todos os nossos irmãos, não apenas aos conhecidos, mas também aos anônimos necessitados e sofredores do mundo; não apenas aos simpáticos, mas também àqueles que nos são desagradáveis, que nos irritam e que nos ajudam a exercitar a paciência. Enfim, não apenas aos amigos, mas também aos inimigos.

Como nos conservamos calados, "processando" intimamente tudo o que ouvíramos, Matheus levantou-se, lembrando:

- Vou retirar-me agora. Já é tarde e amanhã logo cedo temos trabalho.

Despediu-se de todos, com carinhoso abraço. Desenvolvera-se em nós um grande afeto por ele durante esse período de convivência. Era o amigo que todos queríamos verdadeiramente ter.

Ao encaminhar-se para o jardim, virou-se e acenou, dizendo:

- Que o Senhor os abençoe!

26

EXPERIÊNCIA INESQUECÍVEL

A "Semana Santa" se aproximava. Havia passado o "Domingo de Ramos", dia em que se comemora a entrada de Jesus na cidade de Jerusalém, aclamado pela multidão.

Dialogávamos sobre esses fatos ocorridos há tanto tempo, envolvendo a figura do Cristo, e que ficariam gravados para sempre nas páginas da História.

Estávamos numa de nossas reuniões costumeiras, que tinham como objetivo o estudo do Evangelho de Jesus. Esses encontros eram bastante informais e nos propiciavam um conhecimento maior sobre o assunto. Com freqüência, assistíamos a palestras proferidas por algum convidado "de fora".

Da reunião, aberta a todos os interessados, não apenas o nosso grupo participava mas também outros irmãos que tivessem disponibilidade de horário.

Por incrível que pareça, devo confessar que nossa ignorância, nos primeiros dias, era tanta que nos causava muito constrangimento. Ninguém sabia nada sobre a vida de Jesus e seu Evangelho!

No meu caso específico, acreditava ter algum conhecimento. Ouvira muitas vezes meus pais falarem sobre o assunto, lera alguma coisa em livros e assistira a filmes quando encarnado. Por isso, pretendia estar mais bem informado do que a maioria. Ledo engano! Não sabia nada.

O instrutor Josias tinha muita habilidade em prender nossa atenção. Emérito expositor, discorria com profundo conhecimento e de forma atraente e terna sobre passagens da vida do Mestre.

Nesse dia, para nossa surpresa, ele disse:

- Hoje iremos assistir a um filme que focaliza o processo da crucificação de Jesus.

As dezenas de pessoas que ali estavam ficaram logo interessadas. Imediatamente lembrei-me das fitas cinematográficas a que assistira na Terra. Relatavam momentos dolorosos da vida de Jesus, profundamente significativos para toda a humanidade, mas eram de má qualidade.

Uma grande tela, de um material sem paralelo na Crosta, semelhante ao cristal, ocupava uma parede toda da sala.

Após os primeiros instantes de euforia, acomodamo-nos e permanecemos em silêncio, aguardando. Josias sentou-se também e apertou um botão. De imediato a luz ambiente se apagou, a tela se acendeu e mergulhamos num mundo bem diferente do nosso.

Disse "mergulhamos" porque nos sentíamos fazendo parte do filme e não assistindo simplesmente a uma projeção, que era o que de fato estava acontecendo. Era como se estivéssemos "vivendo" e "participando" dos acontecimentos ali narrados.

A tecnologia da Espiritualidade é muito mais avançada que a da Terra e suas máquinas e aparelhos são extremamente sofisticados, se é essa a palavra que devo usar. Muitas pessoas até, ao saberem da existência do Mundo Espiritual e de suas condições de vida, pretensiosamente julgam que se trata de uma "cópia" da Terra. Na verdade, a Terra não passa de pálida cópia da vida espiritual e de tudo quanto aqui existe.

Os aparelhos de projeção de filmes e as próprias telas são muito aperfeiçoados e multidimensionais. Isso faz com que nos sintamos "parte" da história.

Vou relatar de forma condensada ao que tivemos oportunidade de assistir, ou melhor, de "viver".

Quando a tela se acendeu, vimos um grande horto. Era o Getsêmani. Estava escuro, pois era noite. O céu estrelado sobre as nossas cabeças era a única luminosidade existente, e uma brisa suave soprava agitando as folhas das árvores. Uma grande emoção, que nos acompanharia por muito tempo, tomava conta de nossos corações, imbuídos que estávamos da grandiosidade do momento.

Vimos a escuridão ser quebrada por muitos archotes e a paz ser desfeita por soldados que chegavam. Sabíamos que tinham vindo prender Jesus, e nos afligimos.

O Mestre orava a poucos passos dali, enquanto os discípulos, rendendo-se ao sono, dormiam. Naquele momento O vimos, e a emoção era tanta que não dá para descrever. Fronte levantada para o céu, toda a Sua figura nimbava-se de luz aos nossos olhos. Com serena majestade, fitava o Alto, a conversar com o Pai, e em Seus olhos percebíamos uma infinita piedade e uma divina tristeza.

Com o alarido, os discípulos despertaram e Simão tenta uma reação, no que é impedido por Jesus. Os soldados O prenderam. Nós os acompanhamos, desesperados.

Participamos da vigília junto aos muros do pátio da casa do sumo sacerdote, sentados em meio ao povo, ao redor das fogueiras, porque sentíamos frio. Vimos Simão Pedro renegá-Lo por três vezes, o que causaria ao apóstolo pungentes remorsos e muito sofrimento.

Depois, insones, cansados, acompanhamos o processo de julgamento do Cristo, que foi uma aberração. O povo, por demais ignorante e rude, insultava-O, gargalhando com sarcasmo e gritando vitupérios; os romanos, do alto do seu orgulho, fitavam tudo aquilo com profunda ironia e desprezo. A certa hora tivemos a impressão de que Pôncio Pilatos fosse libertá-Lo, considerando-O inocente, mas acovardou-se.

Por vielas estreitas, seguimos junto com o Mestre o trajeto do Seu martírio, sofrendo com Ele os apodos da multidão, vendo em Seu rosto as marcas da dor e do cansaço, mas também uma imensa piedade por todos. Apesar de aflitos, tínhamos esperança de salvá-Lo, desejando que tudo terminasse de forma diferente, mas era impossível... impossível...

Ao chegar ao Monte da Caveira, ou Gólgota, Jesus foi levado ao cume, juntamente com os dois ladrões, seus companheiros de infortúnio, e pregado na cruz.

Não dá para exprimir o que foi escutar as marteladas que O prenderam ao madeiro. Elas repercutiam diretamente em nós, em nosso íntimo, fazendo-nos sofrer terrivelmente.

Revoltado, eu inquiria mentalmente:

- Onde estão os amigos? os seguidores de Jesus? Onde estão todos aqueles que foram curados por Ele? Que é feito dos Seus discípulos? Nesse momento extremo, fugiram todos?

Ali perto, além do povo, agora mais reverente, que presenciava a execução, poucas pessoas. Profundamente tocados, vimos a mãe de Jesus, a doce Maria de Nazaré - cujo rosto não pudemos divisar porque grande parte dele se achava coberto com um manto, mas cuja beleza e suavidade imaginávamos -, em lágrimas, junto de Maria de Magdala e de um rapaz de olhos ternos, barba curta, que A amparava em seus braços. Era João.

O sofrimento era atroz e inconcebível. Jesus permaneceu muitas horas agonizante. Ao ouvirmos as palavras que proferia, entendemos que perdoava a seus algozes: - "Pai, perdoa-lhes, pois não sabem o que fazem."

Nesse momento, lembrei-me de elevar o pensamento a Deus, suplicando ajuda para Aquele que ali estava como um cordeiro entre lobos ferozes:

- Pai, socorre-O. É Teu filho e está sofrendo muito.

A partir daí - oh! maravilha! -, percebi uma modificação substancial no quadro. Comecei a ver não mais o ambiente material, pesado e asfixiante, escuro e cheio de nuvens ameaçadoras, cheio de dor e de sofrimento, mas o ambiente espiritual que se desenrolava de forma indescritível.

O céu cobriu-se de uma luminosidade diferente em suaves e cambiantes matizes do arco-iris, e divisei uma infinidade de Espíritos alados que O envolviam com muito amor. Cânticos entoados por vozes divinas provinham do Infinito. Estavam todos felizes e dirigiam hosanas ao Senhor pelo coroamento do apostolado do Mestre dos Mestres, que retornava à Espiritualidade coberto de glórias, tendo deixado um exemplo de profunda significação para o gênero humano. O código moral extraordinário que legou ao mundo através dos Seus ensinamentos, transcritos em Evangelhos, pelos séculos futuros iria direcionar a vida dos povos, estabelecendo um roteiro seguro a ser seguido.

Quando o filme terminou, estávamos lavados de lágrimas. Uma emoção inenarrável tomava conta de cada um de nós e se estenderia por muito tempo. Permanecemos calados, ainda sob o império das sensações vivenciadas, sem ânimo para quebrar a magia do momento.

Josias, também sensibilizado, deu um tempo para que nos refizéssemos. Em seguida abriu para perguntas indagando o que notáramos de diferente. Grande parte dos presentes vira o filme mais do ponto de vista material e espiritual inferior. Alguns poucos tinham visto imagens diferentes, de uma outra faixa vibratória. Dentre estes estavam Marcelo, Eduardo, Sheila, Paulo, mais dois rapazes, uma senhora e eu.

Josias, satisfeito, explicou:

- Isso ocorreu porque vocês conseguiram se sobrepor ao negativismo do momento, elevando os pensamentos ao Criador. Assim, entraram em faixa vibratória mais elevada e conseguiram perceber a Espiritualidade Maior presente no momento da crucificação, de acordo com as condições espirituais de cada um.

Betão indagou, curioso, referindo-se a nós, que tínhamos vislumbrado algo mais:

- Eles conseguiram ver tudo o que tinha para ser visto no momento?

- Não, evidentemente. Viram tudo que suas condições permitiram. Espíritos mais elevados terão condição de ver muito mais, descortinando esferas de inimaginável beleza, e assim por diante. Quanto mais purificados, mais a visão lhes será alargada. Cada um só dá o que tem!

- E quanto ao problema do tempo, irmão Josias? - indagou um senhor de cabelos brancos. - Acompanhamos todo o processo de Jesus, Sua execução, e só gastamos, aproximadamente, duas horas do nosso tempo!

- Exatamente - explicou o instrutor. - Isso ocorre porque a noção de tempo e espaço aqui é diferente. Haja vista que vocês passaram a noite toda acordados, ficaram cansados, atravessaram o dia seguinte inteiro acompanhando a execução do Cristo e tudo isso foi feito num horário normal de projeção de uma fita.

Todos estávamos encantados e achando tudo muito interessante. Conversamos ainda por algum tempo, permutando impressões, sentimentos, cada um expressando o que tinha vivenciado, até o encerramento da reunião.

Continuamos a sentir, hoje, a mesma emoção que sentimos naquele dia. Posso dizer com certeza que foi uma experiência única em minha vida. A melhor coisa que já me aconteceu. A mais importante. Não posso lembrar de nada que tenha me impressionado tanto. Tenho a convicção de que, mesmo que venha a renascer novamente na Terra, guardarei no imo da alma aquelas emoções e jamais esquecerei aqueles momentos em que presenciamos o sacrifício de Jesus.

Por isso, imagino o que tenha sido realmente viver naquela época, conhecer o Mestre e conviver com Ele, ouvindo Sua voz, aprendendo Suas lições.

Uma experiência incrível!

27

O FINAL DOS TEMPOS E A NOVA ERA

Em nosso plano as possibilidades de aprendizado são extensas e contínuas.

Como tive ensejo de contar, freqüentamos um sem-número de cursos, consoante o nível cultural e moral dos aprendizes; participamos de experiências práticas muito edificantes, excursionando a outros locais em busca de aperfeiçoamento; e assistimos a palestras esclarecedoras sobre assuntos de interesse geral.

Dentre essas exposições, uma me ficou particularmente gravada na mente em virtude do tema enfocado. Como não desconhecemos que o assunto também interessa muito aos encarnados, especialmente aos espíritas, que, conscientes da responsabilidade que lhes cabe, o têm na "ordem do dia", resolvi contar-lhes o que ouvimos de um desses mensageiros que vêm de esferas mais Altas nos instruir.

Como foi aberto a todos os interessados, o evento teve de ser realizado no grande auditório. O assunto enfocado dizia respeito às grandes transformações previstas para o final do milênio e a nova era. Tema palpitante e atualíssimo!

Assim, cheios de entusiasmo, dirigimo-nos naquela noite para o local da palestra, conversando alegremente sob a luz das estrelas. À distância se avistava o prédio intensamente iluminado.

Entramos. Centenas de entidades ocupavam o recinto, já quase todo tomado. Acomodamo-nos em respeitoso silêncio. O ambiente era de muita paz. Vibrações dulcíssimas nos envolviam, enquanto melodia suave convidava-nos à meditação.

Olhei em torno e percebi que muitos dos presentes, pelo aspecto diferenciado e pelo cordão fluídico que arrastavam, ali estavam na condição de encarnados. Conquanto a expressão algo distante de alguns, tais criaturas por certo reuniam condições espirituais para participar do encontro.

Reconheci alguns amigos encarnados e dispunha-me a levantar para cumprimentá-los, mas fui impedido por Marcelo, sentado ao meu lado. A reunião ia começar.

Na grande mesa central, à frente, ocupando posição um pouco mais elevada, tomaram assento nobres entidades de elevada hierarquia. Uma delas, Polidoro, o governador da pequena cidade de Céu Azul, nosso conhecido, que se fazia acompanhar de dois senhores de fisionomia simpática e afável. Um deles o irmão Urbano, o palestrante da noite.

Polidoro endereçou algumas palavras de boas-vindas a todos e, com uma prece, deu início à reunião. Em seguida, fez a apresentação do orador, de forma singela e despretensiosa.

- Meus caros irmãos! Cheios de alegria, recebemos a visita do irmão Urbano, que aceitou o nosso convite para fazer uma explanação sobre O FINAL DOS TEMPOS e A NOVA ERA, tema de grande interesse para todos. Com a palavra, o querido irmão a quem externamos o júbilo por tê-lo conosco nesta oportunidade.

Levantando-se, Urbano agradeceu as palavras do amigo Polidoro e exorou o amparo divino para o nobre mister. Depois pareceu concentrar-se por momentos, quando pude perceber raios de safirina luz que, da sua cabeça, partiam em direção do Alto.

Logo após, abrindo os olhos, fitou a assistência e iniciou a exposição, que tentarei transcrever aqui - não na sua totalidade, pois seria difícil e demandaria muito tempo -, destacando o que achei de mais interessante, mesmo porque nem tudo o que foi dito me é permitido repassar aos amigos da Terra, com vistas a preservar o equilíbrio e a serenidade dos companheiros.

"Que Jesus nos conceda a Sua Paz e nos ajude na transmissão da palavra e das idéias para o melhor aproveitamento de todos".

Nesse momento percebi que parte da luminosidade azulada que buscava o Alto desviou-se para a assistência e atingiu a cada um de nós, testemunhando os sentimentos do visitante para com todos os seus ouvintes.

Espraiando o olhar pelo auditório, prosseguiu:

"É do conhecimento geral que a Terra se encontra no final de um ciclo evolutivo, que trará imensas bênçãos à humanidade. Naturalmente, essas grandes transformações não se farão sem dores e sem sofrimentos, que fazem parte das necessidades educativas do espírito humano. É o preço do progresso.

"Desde épocas imemoriais, a plêiade de seres angélicos ligados a Jesus têm procurado informar o homem sobre essas modificações que fatalmente ocorrerão, sem que resultados mais promissores fossem alcançados. Debalde os celestes missionários, enviados pelo Cristo, têm trazido orientações e luzes à humanidade, que, rebelde e endurecida, materialista e indiferente, sobretudo imediatista, só se preocupa com o "hoje", sem noção do porvir.

"Só muito lentamente, a pouco e pouco, tem avançado na escalada do progresso. A própria mensagem cristã, trazida por Jesus nos dois últimos milênios, num coroamento de santificadas intenções, quando a criatura humana já se encontrava madura para receber-Lhe os ensinamentos, foi quase que totalmente esquecida e deturpada por muitas centenas de anos. Restaurada no século passado com o advento do Espírito de Verdade, através da Doutrina Espírita, trouxe novas luzes, e, com o avanço da ciência e da filosofia, pôde direcionar os espíritos para a necessidade evolutiva, através da moral e do conhecimento.

"Contudo, os tempos chegaram. Atualmente está sendo dada a última oportunidade a quantos, trânsfugas do dever, relutam em aceitar o imperativo da redenção".

Fez nova pausa, repassando o olhar pela assistência, que o ouvia atenta e interessada. Prosseguiu:

"A todos nós, que fazemos parte de uma outra coletividade, cabem tarefas extremamente importantes. Temos que estar preparados para trabalhar em benefício dos sofredores, que se contarão aos milhões. Os povos, desesperados e aflitos, não sabendo lidar com seus problemas, ansiedades, perdas, conflitos interiores e exteriores, farão com que uma imensa conturbação assole o Planeta. Conturbação que não será apenas física, atingindo vibratoriamente a todos, com cargas deletérias da maior periculosidade para quantos se deixem envolver por elas, encarnados e desencarnados. Porque não se trata apenas de inundações e mortes, de guerras e desesperos. Aqueles que passarem para a Espiritualidade estarão livres e terão outros tipos de problemas. Precisamos ajudar os que ficam na retaguarda, para que não sucumbam frente às necessidades prementes e ao caos generalizado".

O orador fez nova pausa, avaliando o efeito das suas palavras, e aproveitei para olhar em torno. Muitos, sensibilizados como nós mesmos, enxugavam discretamente as lágrimas.

"A tarefa que nos cabe é imensa, meus amigos. Consciente da realidade, a Espiritualidade Superior já coloca em execução amplo planejamento que conta com a generosidade de grande contingente de entidades dedicadas que procuram ajudar e recolher irmãos nossos de regiões mais densas. Caravanas assistenciais e grupos socorristas, de todos os lugares, sejam cidades ou postos de atendimento, deslocam-se rumo às regiões umbralinas, aos precipícios da dor e do sofrimento, com o objetivo de resgatarem espíritos em desequilíbrio, recolhendo-os em locais de refazimento e assistência, com vistas a seu reajustamento. Esta também é a última oportunidade deles! E isso tem que ser feito já, imediatamente, para que não sejam atraídos, em virtude da baixa densidade vibratória, para o novo planeta de sofrimento e dor que se aproxima, como esperança de um novo lar para quantos sejam arrastados pelo seu magnetismo inferior.

"Aprestam-se entidades generosas, candidatando-se a novo mergulho na carne para, nesse período de maior perturbação, darem a sua cota de participação na implantação de um mundo melhor, o Reino de Deus na face do Planeta - a doce Terra dos nossos sonhos. Espíritos ligados às artes, às ciências, à filosofia, descem de Altas Esferas e renascem no orbe terrestre, para serem os artífices de uma outra civilização, onde o bem possa prosperar e onde não exista mais fome, doenças, maldades, guerras.

"Quando o horizonte finalmente clarear, um novo surto de progresso tomará conta do mundo. Mas para que isso aconteça, é imprescindível um grande esforço individual de regeneração, em benefício próprio e dos semelhantes.

"Vamos, meus irmãos! Ingressemos nas fileiras dos servidores do Cristo, lutando por um mundo melhor. Conclamamos a todos os que queiram participar dessa cruzada, preparando-se para auxiliar e servir os necessitados, encarnados e desencarnados.

"Estamos vivendo momentos que poderão ser gloriosos para todos nós. Levantemos bem alto o estandarte do Cristo e, sob a Sua bandeira, marchemos sem temor, enfrentando os desafios da jornada e colocando a vontade a serviço do bem.

"Não nos detenham os obstáculos. Estaremos sustentados pela Misericórdia Divina, que se espalma sobre nossas cabeças, dando-nos força e coragem, firmeza e determinação.

"Que Jesus nos abençoe e nos auxilie na execução das tarefas abraçadas."

28

RESPONDENDO A PERGUNTAS

A assistência estava sob o impacto das palavras proferidas pelo orador. Muitas indagações assoberbavam-nos a mente.

Encerrando sua alocução, de forma simples e despojada, irmão Urbano franqueou algum tempo para responder a perguntas.

Iniciando essa segunda parte das atividades, um dos presentes, cavalheiro idoso e bem apessoado, indagou:

- Como nos prepararmos para as tarefas de auxílio citadas?

- Serão abertos cursos de aprendizado intensivo, capacitando a todos os interessados, dentro das suas condições e áreas de afinidades, além dos que já estão sendo oferecidos. É só fazerem as inscrições.

Outra senhora inquiriu, temerosa:

- Irmão Urbano, tenho ainda muitas dificuldades, resquícios de um passado culposo, e temo não poder ficar por aqui. O que acontecerá com aqueles que não estiverem em condições de permanecer nas zonas próximas da Terra?

- Serão fatalmente atraídos para o Planeta, que os acolherá como sendo o novo lar, conforme dito anteriormente. - Fazendo uma pausa e fitando a interlocutora com bonomia, concluiu: - Contudo, minha irmã, não deve preocupar-se demasiadamente. O fato de "estar aqui" denota que suas condições espirituais e vibratórias estão em níveis "aceitáveis". Imperfeições todos temos, desde que espíritos em evolução. E não pense que, por estar aqui falando, sou diferente de todos os que aqui estão. Não. Também carrego minha cruz e tenho obstáculos de vulto a vencer. Portanto, trabalhe e confie.

A dama agradeceu a resposta, com expressão mais tranqüila no semblante.

- Caro Irmão - perguntou outra senhora, aproveitando o "gancho" -, se não for indiscrição, gostaria de saber. No seu caso particular, o que pretende fazer?

Meditando por alguns segundos como se tivesse sido atingido nas fibras mais profundas, contendo a emotividade, respondeu, atencioso:

- Também desejo dar minha parcela de contribuição ao esforço de todos. Pretendo reencarnar na Terra nos anos vindouros com programa de auxílio aos povos sofridos do Planeta. Dessa forma, resgatarei uma parte dos múltiplos débitos, contraídos no pretérito, com a Justiça Divina. Muito lesei o próximo e é justo que restaure, construindo, o que ajudei a destruir.

Um rapaz do nosso grupo, Paulo, indagou em seguida:

- Irmão, tenho dúvidas em relação às profecias. Quando encarnado, tinha muito interesse por esses assuntos e lia bastante, especialmente a Bíblia, visto que pertencera ao ramo cristão das igrejas reformadas, tendo ainda uma visão algo distorcida do problema, a qual se modifica aos poucos em contato com as realidades maiores do espírito. Entretanto, como fica a questão do livre-arbítrio? Como conciliar a liberdade de escolha que podemos exercitar, por ato da nossa inteira vontade, com a existência das predições, indicando que o futuro já estava previsto?

- Excelente pergunta e muito pertinente - considerou Urbano, prosseguindo: - As profecias entram na lei das probabilidades. Existem técnicos na Espiritualidade que fazem a projeção para o futuro, demonstrando o que, provavelmente, poderá ocorrer. Quando fazemos um planejamento, estabelecemos objetivos e metas a alcançar, mas de modo algum significa que já esteja no plano do concreto, da execução. O trajeto a ser percorrido estará sujeito a alterações, mudanças, como numa viagem. A criatura sempre terá condições de decidir seu futuro. Através dos atos que se permita realizar, bons ou maus, o porvir será agradável ou desditoso. Ao programarmos uma reencarnação, estabelecemos diretrizes que, não necessariamente, serão executadas, ficando sujeitas ao exercício do livre-arbítrio. Então, em relação a fenômenos físicos, da natureza, que obedecem a leis cósmicas, sim, cumprir-se-ão as profecias. Em relação ao homem, como ser inteligente e imortal, criado para o progresso, existe um "determinismo" mais flexível, se assim posso me expressar, porque depende de um elemento altamente diferenciado e maleável - que é a VONTADE. Além disso, quando o espírito demonstra desejo de progresso, lutando para vencer suas imperfeições e trabalhando no bem, funciona a Misericórdia Divina como um bálsamo, amenizando as dificuldades que tenha que passar. Compreendeu?

- Perfeitamente. Obrigado.

O Padilha questionou em seguida:

- Irmão, apesar de sabermos que a verdadeira pátria é a espiritual, temos ligações afetivas ainda muito intensas com o solo que nos abrigou na última romagem terrena, o Brasil. Como ficará a situação da "nossa terra"?

Um murmúrio manifestou-se no público, demonstrando que a preocupação era geral. O orador sorriu, respondendo:

- Segundo informações que poderão ser colhidas em livros existentes, ao Brasil será conferida uma grande missão, pelas suas condições especialíssimas. Estamos habituados a conviver com problemas sócio-econômico-culturais e, em virtude disso, acreditamos estar em desvantagem em relação a outras nações do Planeta que denotam um nível de vida superior. Contudo, os problemas vivenciados na atualidade brasileira são produto de contingências naturais do progresso, como uma casa em reformas, onde tudo está fora de lugar, mas cuja "confusão" faz parte de um planejamento maior, que é a melhoria das condições existenciais. Além disso, o Brasil tem tudo para ser realmente a PÁTRIA DO EVANGELHO e o CORAÇÃO DO MUNDO, conforme afirma o ilustre escritor Humberto de Campos. Seu povo é sofrido, trabalhador, corajoso e, acima de tudo, fraterno. Em lugar algum do orbe terreno pode-se ver a miscigenação de raças que existe em solo brasileiro, aceitando o povo, hospitaleiro, a todos os que adentram seu território, exemplificando o dístico de Ismael: TRABALHO, SOLIDARIEDADE E TOLERÂNCIA. Sim, meus amigos, em lugar algum do mundo existe o ambiente saturado de vibrações de fé e espiritualidade superior como no Brasil, onde o povo, sofrido e faminto, vive de esperanças, tendo o Evangelho de Jesus como sublime roteiro.

Fez uma pausa, dando tempo para que os presentes digerissem o conteúdo das suas palavras, e prosseguiu:

- Para esse solo dadivoso virão aportar muitos dos desesperados e aflitos do Planeta, encontrando as condições ideais de espaço e oportunidade para refazerem suas vidas, exercitando o equilíbrio das forças cósmicas; retribuindo com trabalho e dedicação o que lhes for dado; auxiliando o país, ainda em desenvolvimento, com tecnologias avançadas e culturas milenares. Sim, essa é a pátria dos nossos sonhos e que nos compete ajudar.

Todos estávamos sensibilizados. Eduardo lembrou:

- Irmão Urbano, compreendo e acho justo que os povos se unam num congraçamento de apoio e assistência geral. Mas, em termos de comunicação, como será feito o intercâmbio? Através de uma outra língua, o Esperanto, por exemplo, de que temos ouvido falar?

- Exatamente, meu jovem amigo. Através do Esperanto, que é um idioma criado para unir os povos. Só que o Esperanto não é apenas "mais" uma língua, é a língua do futuro. É aquela que irá facilitar a realização das palavras do Cristo, quando assevera que haverá "um só rebanho e um só pastor".

Lembrei que, entre os cursos oferecidos, constava o de Esperanto, para o qual nunca dera muita importância, em face de outras deficiências maiores que reconhecia em mim. Arrisquei-me a perguntar:

- Irmão, por que o estudo do Esperanto aqui na Espiritualidade, considerando-se que será mais utilizado no mundo terreno?

- As aquisições do espírito são eternas e ficam sedimentadas como conquistas realizadas. Renascendo, o ser levará consigo esse aprendizado, que surgirá dos refolhos da memória, como facilidade para o estudo. Estará o espírito não aprendendo, mas "recordando" o que já aprendeu anteriormente. Além disso, ainda do "lado de cá" da vida, se formos chamados a colaborar com os demais povos do Planeta, no atendimento a irmãos nossos desencarnados em condições difíceis, para os quais o idioma ainda é um entrave à comunicação, o conhecimento do Esperanto irá facilitar o entrosamento e a assistência aos necessitados.

- Acredita o Irmão que isso irá acontecer? De sermos chamados a colaborar em outros países? - indagou Giovanna.

- Sem dúvida. E nem digo que esses chamamentos poderão ocorrer. Pedidos de socorro já estão sendo feitos. Em esferas mais altas isso é uma realidade, demonstrando a necessidade de nos agilizarmos no atendimento fraterno e solidário.

Como todos estivessem pensativos e não surgissem mais perguntas, a reunião foi encerrada com uma prece de agradecimento ao Criador pela oportunidade de novos conhecimentos.

Ficara um farto material para nossa reflexão, inclusive como propostas de trabalho. Teríamos muito que dialogar e que aprender, buscando os próprios caminhos, diante do chamamento que nos era feito.

29

NOVOS RUMOS

Aquela palestra, mais que qualquer outra, nos fez refletir. Durante muitos dias continuamos sob o impacto das informações recebidas. Que conseqüências acarretariam para todos nós, espíritos encarnados e desencarnados?

Mais do que nunca se evidenciava a necessidade do aprimoramento moral de cada um junto com a decisão inadiável de nos programarmos para o auxílio aos sofredores, quaisquer que fossem.

Durante o estágio na Espiritualidade, empenhamos todos os esforços para aprender e vivenciar o que aprendemos. Acreditávamos ter angariado muitos conhecimentos, mas, seguramente, estávamos desprovidos de condições, como se nada soubéssemos.

Diante do muito que existia por fazer, ficamos perplexos e nos sentimos inválidos.

Nos intervalos entre uma tarefa e outra, em nossos locais de serviço, ou nos serões, em nosso "Abrigo dos Descamisados", quando nos reuníamos na varanda, sob a luz das estrelas, conversávamos sobre o assunto, analisando seus diversos ângulos e meditando a melhor atitude a tomar.

Todos estávamos concordes num ponto: era preciso fazer alguma coisa. E começamos a nos mexer. À medida que passávamos do plano para a execução, o entusiasmo tomava conta da gente.

Cada um se definia por áreas diferentes de atuação, por afinidades e tendências. Todos, porém, necessitávamos complementar o estudo de conteúdos básicos.

Assim, inscrevemo-nos em um programa de ajuda aos sofredores das zonas mais densas e no curso de Esperanto. Naturalmente, sem perda das tarefas normais que nos competia executar.

Satisfeitos com os novos estímulos ao trabalho de enriquecimento interior, ficamos empolgados com os desafios que surgiam à nossa frente.

Falávamos sobre isso certa noite, enquanto repousávamos das canseiras do dia, a trocar idéias no local preferido, a nossa varanda.

Comentava o Paulo:

- Jamais poderia supor, quando deixei o corpo físico, que encontraria uma outra vida tão dinâmica quanto a que deixei, ou até mais! Ainda hoje, quando penso na minha ignorância e na de tanta gente que transita pelo mundo, fico pasmo. E olha que lá se vão três anos!

Os demais sorriram. O Betão, porém, não se conteve, gracejando:

- Puxa, ó meu! Você já é um veterano. Daqui a pouco começará a dar aulas a todos nós!

- Não leve a mal, Paulo, o Betão gosta de fazer esse tipo de brincadeira com todos nós - asseverou Giovanna, continuando: - A verdade é que aqui a gente não vê o tempo passar! Lembro-me de quando "desembarquei" no "lado de cá" da vida junto com a Ana Cláudia. Quanta surpresa, quanta novidade!

Ana Cláudia balançou a cabeça, concordando:

- É mesmo. O mundo espiritual é uma grande e feliz surpresa para quantos deixam o corpo físico. Se nossos familiares soubessem como somos bem recebidos aqui, não se desesperariam tanto.

- Isso é verdade - afirmei, e - fingindo seriedade - A sorte de vocês duas foi que eu estava há algum tempo na Espiritualidade e pude socorrê-las. Se não, ficariam órfãs!

Todos caíram na gargalhada. Giovanna fez uma careta:

- Seu bobo! Pensa que ninguém mais se interessaria por nós?

- Estou brincando, Giovanna, sei que vocês têm uma legião de fãs aqui.

A turma riu ao novo gracejo. Mudando o tom de voz, emendei:

- Agora, falando sério. Quem poderia imaginar esse clima de amizade e carinho que existe entre nós? Essa troca de energias e de afeto que nos mantêm unidos?

- Você disse bem, César - ponderou Eduardo. - É essa permuta de vibrações, de idéias, de sentimentos, que nos reabastece espiritualmente, que nos alimenta. Trabalhamos muito, é verdade; contudo, basta permanecer um pouco nesta atmosfera de amor recíproco para nos sentirmos descansados, novamente prontos a recomeçar o serviço.

Marcelo, recostado na cadeira reclinável, olhava o céu estrelado e comentou, suspirando:

- Se algum dia tiver que me ausentar daqui - e isso fatalmente ocorrerá, mais cedo ou mais tarde -, sentirei muita saudade desta varanda, desse pedaço de céu e de todos vocês. - E esboçando um leve sorriso, acrescentou: - Até das bobagens que ouço do Betão.

Suas palavras tocaram fundo em nosso coração. Sensibilizado, busquei Sheila com o olhar. Ela estava de cabeça baixa, compenetrada como sempre, mas diferente.

Só então notei que minha amiga não dissera uma palavra aquela noite.

Ia lhe falar quando alguns companheiros começaram a se despedir. Teriam que acordar cedo e precisavam repousar. Os outros aproveitaram a deixa e também foram saindo. Maneco perguntou:

- Vem também, César?

- Logo. Vou ficar mais um pouco.

Enquanto isso, segurei o braço de Sheila, impedindo-a de sair.

- Fique. Quero falar com você.

Ela tornou a sentar-se. Estava estranha, parecia triste.

- O que há? - indaguei.

- Nada. Entristeci-me um pouco com essa conversa toda, as lembranças, sabe como é...

- Sei. Mas não é só isso, Sheila. Algo mais existe que queira me contar?

Ela fitou-me de forma muito especial e concordou:

- Sim, é verdade. Mas hoje não. Quando tiver resolvido eu conto, está bem?

- Então, boa noite. Durma com os anjos.

- Boa noite.

Sheila afastou-se e fiquei ainda algum tempo olhando o firmamento. Os sentimentos agitavam-se em meu íntimo e uma certa melancolia ameaçava dominar-me. Lembrava-me de quando fora recolhido no hospital, das primeiras impressões, das primeiras visitas, dos avós, de Marcelo e de Eduardo. O tempo passara tão rápido! Tudo isso acontecera há nove anos, mas parecia que havia transcorrido poucos meses.

Lembrava-me de quando conhecera Sheila, na recepção, quando da minha chegada ao "Abrigo dos Descamisados", meu novo lar.

Agora percebia que algo muito sério estava acontecendo e que Sheila não quisera me contar. Contudo, ela não conseguiu furtar-se à minha inquirição mental, e pude compreender o que a afligia. Uma sensação incômoda, misto de tristeza e angústia, começou a crescer perigosamente em mim.

Imediatamente, tentando reajustar as emoções em desgoverno, elevei o pensamento a Deus numa prece que me saiu do fundo da alma.

- "Senhor, que és o Criador do Universo, a Razão e a Consciência de todas as coisas, deixa que mergulhemos em Teu Hálito Divino, retemperando as energias e haurindo forças para continuar trabalhando e servindo em Teu Nome. Ainda rastejamos, Senhor, e sozinhos nada conseguiremos fazer. Ajuda-nos a que nos transformemos, de pobres seres imperfeitos e devedores, em mensageiros do Teu Amor. Que aceitemos os Teus desígnios com confiança e resignação, conscientes da Tua vontade soberana. Que possamos estar contigo, Senhor, em todos os momentos. Aceita a nossa gratidão e o nosso amor. Assim seja."

30

SETOR DE PROGRAMAÇÃO DE RENASCIMENTOS

Na manhã seguinte levantei-me cedo e fui para o hospital. Estava de serviço e o dia seria puxado.

Não conseguira deixar de pensar em Sheila e sentia-me perturbado e confuso. Na enfermaria, o assistente Otávio percebeu minhas condições vibratórias. Não estava psiquicamente preparado para auxiliar ninguém.

- César Augusto, vejo que você não está bem. Procure ajuda. Está dispensado por hoje. Colocarei alguém no seu lugar, não se preocupe. Resolva seus problemas e amanhã esteja aqui no horário de sempre, em condições de servir.

Agradeci e deixei o hospital, aliviado. Otávio tinha razão. O meu estado emocional não me permitia ajudar ninguém. "Eu" é que precisava de socorro. Urgente.

Procurei Matheus em sua sala. Sabia que o encontraria ali naquela hora da manhã. Cumprimentou-me efusivamente, indagando a razão da minha visita.

- Podemos conversar? Necessito de um "help".

- Claro. Sente-se!

Acomodei-me numa macia poltrona. Matheus discretamente me observava sem dizer nada. Afinal, perguntou:

- E então, qual é o problema?

Sem responder diretamente, indaguei:

- Eu é que pergunto. O que está acontecendo?

- Como assim? - Surpreso, fitou-me intensamente, esquadrinhando meu interior, e deduziu: - Ah! Já sei. É sobre Sheila, não é?

Continuei a olhá-lo sem dizer nada. Um nó na garganta impedia-me de falar.

- Sinto muito! - murmurou.

- O que está acontecendo?

- Bem, Sheila recebeu uma proposta para voltar ao mundo

físico e está estudando o assunto.

- Por quê? - balbuciei, procurando conter meus impulsos, inconformado e desgostoso.

- César, esta é uma oportunidade muito importante para Sheila. Tente compreender. Analisamos bem o seu processo e acreditamos que será o melhor para ela. Olhe, sei como se sente, mas pense racionalmente. Você sabe como é difícil conseguir uma chance de reencarnar numa época tumultuada como esta. Você tem participado de processos, como parte do aprendizado a que se propôs, e tem sofrido também quando se frustram as expectativas.

Sabia que Matheus estava com a razão.

- Não há como voltar atrás? - perguntei, ansioso.

- Lamento. Sheila ainda não deu a resposta definitiva, mas não temos dúvidas de que aceitará a oportunidade que lhe foi oferecida. As chances são excelentes, terá todas as condições para desenvolver suas potencialidades, a família é ótima. Enfim, é uma bênção de Deus!

Suspirando profundamente, concordei balançando a cabeça.

- Então, só tenho que me resignar.

- Exatamente. Procure ajudá-la, César. Não ignoro o que está acontecendo entre vocês, mas vivemos a Era do Espírito! Sabemos que nada se acaba, que o ser eterno continuará a existir e a amar, sempre, e que a separação é apenas temporária. Talvez você possa vir a ser um protetor. Protetor que, da Espiritualidade, zele para que a nossa amiga Sheila consiga vencer na nova etapa reencarnatória.

- Você me propõe ser um "anjo da guarda", é isso?

Matheus sorriu, balançando os ombros:

- Por que não? Tem alguma sugestão melhor? Será uma maneira de estar sempre junto dela! Afinal, se a ama como penso, quererá o melhor para Sheila. Ou estou enganado?

- Tem razão. Como sempre. Bem, vou digerir o assunto. Preciso pensar bastante.

- Certo. Evite, porém, influenciá-la. Se Sheila não aceitar a reencarnação por sua causa, você nunca irá se perdoar por isso, acredite.

Pensativo, deixei a sala. Queria "ruminar" a idéia, que de jeito algum me entrava na cabeça.

Tinha ainda muitas horas. Estava de folga durante todo aquele dia e não sabia o que fazer.

Retornei ao Abrigo e lá encontrei Eduardo, que entraria de plantão só na parte da tarde.

Estranhou ver-me em casa naquele horário, e aproveitei para colocá-lo a par da situação. Precisava mesmo falar com alguém. Estava sofrendo muito e precisava abrir o coração. Com extrema delicadeza, Eduardo ouviu-me sem interromper.

- Estou arrasado! - desabafei: - Justo agora que a encontro, ela vai embora para voltar sabe-se lá quando? Daqui a oitenta, cem anos? Aí sou eu que já terei reencarnado... Ficaremos nesse jogo de esconde-esconde, como o sol e a lua, sem nos reencontrarmos mais? Além disso, quando ela voltar, mesmo que eu ainda esteja aqui na Espiritualidade, levará muito tempo para que se lembre de mim.

- Acalme-se, César. Sua revolta em nada irá beneficiá-lo. Você está entrando num estado vibratório perigoso e que só poderá prejudicar o andamento das coisas. Não se arrisque a destruir, num minuto de inconformação, tudo o que já construiu de bom dentro de você. Esqueceu-se de que Deus sabe o que faz? Que Ele é todo amor e bondade e nos ama a todos, Seus filhos?

- Sim, mas...

- ... Que deve ter uma razão para isso?

- É, eu sei. Não existe efeito sem causa.

- Exatamente. Já parou para pensar nisso?

- Confesso que não. Mas, compreenda, estou desesperado, Eduardo. O que posso fazer? - resmunguei, passando as mãos nos cabelos, como sempre fazia quando estava aflito.

Eduardo pensou um pouco e decidiu.

- Venha comigo. Vamos ao setor de programação de reencarnações. Falaremos com Antero, o amigo que tanto nos ajudou no "Caso Solange". Ele trabalha lá e talvez nos possa orientar.

Mais animado, enchi-me de coragem. Sim, era o melhor a fazer.

Em poucos minutos estávamos defronte ao edifício onde funciona o aludido departamento. Entramos e, sem grande dificuldade, pedimos para falar com o irmão Antero.

Atendeu-nos com solicitude e ouviu minhas queixas e lamentações com bom humor e cortesia, após o que o generoso amigo observou:

- Você deseja mais informações sobre o projeto de renascimento de Sheila. Em princípio, isso não é possível, porque somente têm acesso aos processos aqueles que estão trabalhando no caso.

Analisando, no entanto, meu estado emocional, concordou finalmente:

- Bem, como seu pedido não se prende a simples curiosidade, já que existe um forte vínculo entre ambos, e com o objetivo de aprendizado, que devemos aproveitar em todas as circunstâncias, vou satisfazer-lhe a vontade.

Chamou um auxiliar e pediu:

- Por gentileza, traga-me o prontuário de Sheila Maria Ferraz.

31

PERANTE AS ESTRELAS

Enquanto aguardávamos, mantive-me em estado íntimo de oração. Quando o servidor retornou, procurei conter a emoção.

Antero, ao receber o prontuário, indagou:

- O que deseja saber mais precisamente, César Augusto?

- As razões que determinaram a reencarnação de Sheila.

- Bem, aqui está. Veja por si mesmo.

Antes é preciso que se entenda como é um prontuário por aqui. Nunca tinha visto um, conquanto já tivesse trabalhado em processos de reencarnação. Esperava ver uma pasta contendo folhas de papel, dessas que comumente são usadas na Terra.

Fiquei surpreso. Constituía-se o aludido prontuário de uma placa retangular, pouco mais espessa que uma folha de papel, medindo cerca de trinta centímetros de largura por uns vinte e cinco de altura. Pareceu-me elaborada de uma substância - sólida e, ao mesmo tempo, fluida, alterando-se com extrema facilidade - que, à falta de definição melhor, chamaria de "cristal líquido". Na parte inferior havia um pequeno teclado, semelhante ao de um "computador" extremamente sofisticado, para armazenamento de dados e acesso a informações.

Antero pressionou algumas teclas, quase imperceptíveis, e passou-me a placa, ou melhor, o prontuário.

Nesse instante a pequena tela acendeu-se e surgiram alguns dados básicos.

Eu estava fascinado pois sempre tivera, quando encarnado, interesse por computação. Na Espiritualidade tive ocasião de estudar, mas isso ia muito além de tudo o que tinha visto até aquela oportunidade. Ali estava, condensada numa pequena placa, toda a "vida espiritual" de Sheila!...

Antero sorriu ante minha surpresa e comentou:

- Todos temos um prontuário idêntico, de fácil manejo, onde

são registradas nossas inúmeras etapas reencarnatórias. De caráter extremamente sigiloso, só em circunstâncias excepcionais se permite o acesso a esses arquivos. No presente caso, César Augusto, você só poderá saber o estritamente necessário.

- Compreendo e agradeço, irmão Antero.

Nesse momento, algumas cenas foram projetadas na delicada tela e, completamente absorto, me esqueci de tudo: do lugar onde estava, das pessoas e até de mim mesmo.

Uma jovem muito bela, em quem reconheci a atual Sheila, movimentava-se rindo e divertindo-se numa festa. O salão, luxuoso, estava repleto; pessoas muito bem vestidas, perfumadas, com muitas jóias, transitavam pelo recinto ou dançavam ao som de uma orquestra.

Em determinado momento, essa jovem, a quem vou continuar chamando de Sheila, conversa com um rapaz. Profundamente perturbado, o moço cobra-lhe demonstrações de amor e atenções de que se sente com direito. Ela, vaidosa e cheia de orgulho, olha-o com desprezo, humilhando-o sem piedade. Depois, para completar, vira-se para as demais pessoas e, em alta voz, chama a atenção de todos, tornando público, com palavras ácidas e irônicas, o pedido de núpcias que o jovem enamorado lhe havia feito pouco antes. Os convidados caem na gargalhada, divertindo-se com o sofrimento do infeliz rapaz que, em tão má hora, havia ousado propor-lhe casamento.

Cabisbaixo, o moço deixa o salão ao som das risadas e das chacotas impiedosas que Sheila havia provocado.

Sem grandes recursos, visto ser de família humilde, o jovem tentava sobreviver num ambiente requintado, porém depravado e fútil. Incapaz de conviver com o sentimento de perda, pois via ruírem as esperanças de ser feliz com aquela a quem amava profundamente; sem forças para suportar a humilhação e o descrédito ante a sociedade frívola da época, que, a partir de então, o renegaria, entrega-se ao desânimo e à revolta.

Chegando em casa, senta-se defronte à escrivaninha e redige um bilhete de despedida para a família. Depois, como que anestesiado, tira uma pistola da gaveta, verifica se está carregada, levanta o braço encostando a arma na cabeça e aperta o gatilho, estourando os miolos.

A violência da cena me chocou profundamente, despertando em mim imensa piedade pelo desventurado rapaz que, por um amor não correspondido, arrojava-se a muito tempo de sofrimento e dor nas esferas inferiores, onde existe "o choro e o ranger de dentes", de que nos fala o Evangelho.

Percebi também que entidades malfazejas, vingativas e cruéis, aproveitando-se do momento de depressão, insuflaram-lhe a idéia do suicídio, pela qual não era totalmente responsável, em virtude da influenciação espiritual que lhe toldava a consciência.

Nesse instante a tela se apaga. Quando se acende novamente, mostra uma outra época. Vejo Sheila num convento, vestida com hábitos eclesiásticos, a caminhar por um corredor sombrio. Uma campainha soa insistente e ela vai atender. Abre a porta e se depara com uma criança cuja cabeça é toda defeituosa; os olhos, esbugalhados, parecem saltar das órbitas. Nota-se claramente tratar-se de um deficiente mental.

Atônito, reconheço naquele infeliz que bate às portas do convento o pobre suicida. Com grunhidos, o menino estende as mãos suplicando ajuda, mas a monja o expulsa sem piedade. De alguma forma sei, sem que alguém precise afirmar-me tal coisa, que a criança é filho espúrio daquela religiosa, abandonado à própria sorte pela mãe, para manter as aparências, fato não incomum naquele tempo.

De novo a tela se apaga, agora em definitivo.

Sumamente impressionado, tocado nas fibras mais íntimas, caí em choro convulsivo.

Antero e Eduardo esperaram tranqüilos que eu me acalmasse. Por fim, contendo as emoções, perguntei:

- Compreendo a necessidade de regeneração de Sheila perante esse espírito. Qual é a situação atual?

- Bem. Sheila tem uma irmã na Terra, sua mãe e cúmplice no passado - co-responsável, portanto, no caso -, que, antes de reencarnar, se propôs a receber o antigo suicida como filho. Diante da oportunidade que se criou e da disposição do rapaz em perdoar-lhes e em recomeçar uma nova vida, foi oferecida à Sheila a bênção de renascer como irmã mais velha. No futuro, deverá assumir o papel de mãe do irmão caçula, pois está prevista uma existência relativamente curta para a mãe de ambos, ao fim da qual terá pago seu antigo débito.

Suspirei. Cada vez admirava mais as leis divinas, perfeitas e justas.

- Entendo agora o motivo que leva Sheila a reencarnar, e agradeço, Antero, sua atenção e boa vontade para comigo.

Fiz uma pausa e ponderei, um pouco constrangido:

- Também sinto que tenho uma parte de culpa nesse drama todo, e que, por caridade cristã, foi omitida. Não é verdade?

Antero confirmou minhas suspeitas, asseverando:

- Sim, César Augusto, você também teve sua parcela de responsabilidade, como supõe. Optamos, todavia, que não a visse, para que não criasse imagens negativas em sua mente. Como, nesse caso, sua responsabilidade é menor, resta-lhe a dor de perder Sheila por algum tempo, cabendo-lhe, no entanto, auxiliá-la a alcançar bom êxito na tarefa que ela terá de executar.

- Uma última pergunta, amigo Antero. Posso saber qual foi a minha participação no caso?

- Não vejo inconveniente nisso. Foi por sua causa que Sheila se afastou do antigo namorado, causando todo esse drama. Você também era jovem, inconseqüente, fútil e estava atraído por Sheila, como acontece no momento.

Apesar da revelação, achava-me reconfortado. Entendia agora porque Sheila me encantara desde o nosso primeiro encontro.

- Intuitivamente sentia que seria isso, mas desejava uma confirmação. Obrigado. Com essas informações terei forças para renunciar à Sheila.

Antero fitou-me com carinho e considerou:

- Será melhor para ambos, meu amigo. E, além disso, o que são alguns anos perante a eternidade? Para tranqüilizá-lo, asseguro-lhe que

Sheila não ficará muito tempo na Terra. O irmão renascerá com problemas - resquício ainda do suicídio -, e ela poderá retornar à Espiritualidade daqui há algumas décadas, depois de uma vida de renúncias, extremas dificuldades e dedicação integral ao dever.

Despedimo-nos de Antero sinceramente agradecidos. Eu, de modo particular, estava mais aliviado e bem consciente do que me competia fazer.

No final do dia, terminado o horário de serviço, encontrei-me com Sheila. Caminhamos juntos até um belo jardim que existia nas imediações.

- Precisamos conversar - propus.

- Eu sei, César. Há dias venho tentando contar-lhe uma coisa, mas não tenho tido coragem.

Sereno, incentivei:

- Fale. Sou seu amigo e se puder ser útil...

Ela fitou-me com lágrimas nos olhos e falou com a voz embargada:

- Acho que vou reencarnar, César.

- Que barato! - exclamei. - Você deveria estar contente, mas vejo que está triste!

- Bem, você sabe... não gostaria de afastar-me daqui agora.

- Por quê?

- Deixar os amigos... especialmente você.

Com firmeza e confiança ponderei, apesar da dor que sentia:

- Sheila, você estará sempre em nosso coração, acredite. O afeto que sinto por você não se apagará nunca. Mas, se surgiu uma oportunidade, aproveite. Vai ser muito importante para seu progresso espiritual.

- Como sabe?

- Simples questão de lógica. É evidente que nossos Maiores não iriam oferecer-lhe algo que não fosse bom e proveitoso para sua evolução.

Ainda em dúvida, ela perguntou:

- Se você estivesse no meu lugar, aceitaria?

- Claro! Sem pestanejar.

Um pouco decepcionada, ela se calou. Não me contive e a abracei:

- Não fique chateada. Vamos sentir muito a sua falta, mas estaremos sempre juntos. Já pensou quantos "anjos da guarda" você terá?!...

Ela não conseguiu deixar de rir por entre as lágrimas que desciam pelo seu rostinho. Emocionado, continuei:

- Além disso, você poderá nos visitar sempre que quiser, durante as horas de sono físico. Nós também não deixaremos de ir vê-la sempre, para dar-lhe ânimo e coragem na execução de suas tarefas.

- Promete? Promete que não irá me esquecer?

- Esquecer? Nunca! Nunca! Nunca!

Abraçados, ríamos e chorávamos. Os que passavam não deixavam de se emocionar com a cena, talvez compreendendo a importância daquele momento.

Anoitecia quando retornamos à casa. De mãos dadas, caminhamos lentamente olhando o firmamento. Perante as estrelas, selávamos um compromisso de amor eterno.

32

NAS REGIÕES INFERIORES

O tempo transcorria normalmente. Logo Sheila iria se despedir de nós, buscando preparar-se para a nova encarnação.

Enquanto isso não ocorria, aproveitávamos de forma útil, construtiva e agradável, todos os nossos momentos, de modo que a recordação do nosso grupo surgisse em sua memória envolta sempre em carinho e saudade.

De minha parte, procurava fazer o máximo para agradá-la. E, sempre que possível, aproveitando os horários de folga, saíamos para passear, sozinhos, trocando idéias e permutando sentimentos.

Fizemos juntos uma última incursão às regiões inferiores - como atividade prática e programada de curso destinado a credenciar servidores -, integrando equipe de socorro e resgate de irmãos em sofrimento.

No horário convencionado, todos estávamos a postos. Nossa caravana se constituía de umas duas dezenas de pessoas, da qual faziam parte entidades de elevada condição espiritual, facilmente perceptível pela nobreza e dignidade de atitudes. Nela também se incluíam nossos mentores, um pastor protestante e um sacerdote católico, em observância às preferências religiosas dominantes; enfermeiros; auxiliares encarregados da execução de tarefas diversas; vigilantes, responsáveis pela segurança do grupo, equipados com redes, faixas vibratórias, instrumentos de defesa e padiolas, tudo isso transportado numa espécie de carruagem, puxada por belos cavalos brancos; e nós, os alunos, em número reduzido, interessados no aprendizado, em consonância com as metas estabelecidas por nós mesmos, indicadoras da urgência de capacitação ante as grandes necessidades do porvir.

Após oração proferida pelo Irmão Henrique, líder do grupo, em que suplicou as bênçãos divinas para a nossa missão, pusemo-nos a caminho.

Todos tínhamos adestrada a capacidade de volitação e nos deslocamos com facilidade pelo espaço. O grupo de jovens aprendizes se limitava a Marcelo, Eduardo, Sheila, Luiz Otávio, Paulo e eu.

Cerca de meia hora depois descemos suavemente num terreno pedregoso, e Henrique informou:

- Daqui por diante, teremos de caminhar. Permaneçamos juntos e em completo silêncio.

A região era triste e escura. A vegetação, rala e feia, entremeada de pedras e rochedos. Tomando uma trilha, iniciamos a caminhada, descendo sempre.

Cada vez mais a respiração se fazia difícil e cansativa. Alguns de nós já havíamos participado desse tipo de excursão e por isso não estranhamos. Pela semelhança da paisagem, lembrei-me do "Caso Solange", que acompanhamos à distância. Por necessidade, o grupo teve de descer até a fortaleza de Sukarno, localizada também em regiões tenebrosas.

Contudo, agora era diferente. Caminhávamos há horas, sempre em sentido descendente, ladeando precipícios imensos. Tinha a nítida impressão de estarmos no interior de um vulcão inativo. Aves de rapina crocitavam à nossa passagem, dependuradas em árvores raquíticas. A partir de certo momento, passamos a ouvir gemidos e lamentos de cortar o coração.

Após algum tempo, atingimos o que nos pareceu ser o fundo do poço. O solo estendia-se, plano, sob densa neblina que envolvia tudo, impedindo-nos de perceber perfeitamente onde estávamos.

Henrique, sereno, ordenou que os auxiliares trouxessem o equipamento. Logo, uma grande movimentação se estabeleceu, no mais absoluto silêncio. Focos de luz foram colocados em pontos estratégicos e grandes redes magnéticas estendidas para proteção da equipe contra possíveis investidas de seres maléficos.

Tudo pronto, o dirigente ordenou que as luzes fossem acesas. Imediatamente as sombras foram substituídas por claridade intensa e um espetáculo alucinante desenrolou-se aos nossos olhos.

O solo, a algumas dezenas de metros adiante, terminava

abruptamente num grande fosso; mais além, uma multidão de espíritos se acotovelavam.

Atônitos, o coração aos saltos, fitávamos o grande número de infelizes que, num primeiro momento, ao verem a luz, aturdidos, escondiam os rostos, incapazes de suportar a claridade inesperada. Em seguida, iniciaram um movimento de reação. Muitos, curiosos, aproximavam-se da beirada do fosso, pálidos e desfeitos; outros, revoltados, faziam gestos agressivos e obscenos.

Nesse momento, Henrique solicitou a um dos componentes da equipe, antigo membro do clero romano e que estagiara longo tempo em regiões umbralinas, como chefe de falange dedicada ao mal, que dirigisse algumas palavras aos sofredores.

- Monsenhor Felipe, fale.

O companheiro, retirando um exemplar do Novo Testamento dentre as dobras da vestimenta, abriu-o ao acaso e leu:

- "Vinde a mim, todos vós que estais aflitos e sobrecarregados, que eu vos aliviarei. Tomai sobre vós o meu jugo e aprendei comigo que sou brando e humilde de coração e achareis repouso para vossas almas, pois é suave o meu jugo e leve o meu fardo". *

Profundo silêncio se fez em meio à turba quando proferidas as palavras sublimes do Evangelho.

Espraiando o olhar pelo ambiente, Felipe prosseguiu:

- "Que Deus vos abençoe, meus irmãos! Há dois mil anos a voz do nosso querido Mestre Jesus se faz ouvir, convidando-nos a segui-Lo, rumo ao Reino de Deus, e temos sempre recusado o Seu chamamento. Mas a Misericórdia do Pai é infinita e se estende a todos os filhos desejosos de regeneração.

"Contudo, é chegada a hora para todos. Aceitai a ajuda que vos trazemos e que modificará profundamente as vossas existências."

Cheios de compaixão, víamos inúmeras criaturas, esperançosas, tentando aproximar-se da borda, em lágrimas. Do meio da multidão, porém, surgiam seres monstruosos que impediam seus passos.

Aproveitando uma pausa mais longa do orador, começaram a gritar palavrões e a ameaçar:

- Não precisamos de ajuda! Fora! Fora daqui!

Sem perder o ânimo, Monsenhor Felipe retomou a palavra, afirmando em tom vigoroso:

- "Sei o que todos vós, meus irmãos, estais sentindo, o sofrimento que experimentais. Não penseis que também já não passei por tudo isso. Após a morte do corpo físico, me vi destituído das prerrogativas que acreditava possuir, não encontrando o céu beatífico que esperava. Ao contrário, descobri-me sofredor e aflito, sem recursos e sem condições. Como vós, sei o que é sofrer fome, frio, sede e todo tipo de desconforto. Outrora, revoltei-me também contra Deus e contra tudo."

Aos poucos, até os mais afoitos se calaram, impressionados com a fala humilde do sacerdote, que se desnudava interiormente diante daquela imensa e estranha assembléia de ouvintes.

- "Ah, meus irmãos! Mergulhei fundo na abjeção e na degradação moral. Liguei-me a criaturas iguais a mim, baldas de fé e de esperança. Por longo tempo exercitei o mal, perturbando, prejudicando, tentando destruir todos os que odiava. Durante dois séculos comandei uma falange das trevas, mantendo encarnados e desencarnados sob o meu tacão despótico.

"Mas chegou o dia da minha regeneração. Basta! - disse a mim mesmo. - Estava cansado dessas lutas inglórias. Meus inimigos haviam progredido e eu ficara para trás. O ódio e a vingança de nada me serviram. Apenas concorreram para aumentar ainda mais o meu sofrimento."

Fez nova pausa avaliando o efeito de suas palavras e continuou:

- "Para todos vós também é chegada a hora! O Cordeiro de Deus envia Seus mensageiros para fazerem cessar o vosso sofrimento. Ouvi-me! Libertai-vos da inconformação, da revolta e de todos os maus sentimentos. Enchei-vos de coragem e de boa vontade para promoverem a necessária mudança interior. Lembrai-vos do Cristo e caminhai cheios de esperança em Sua misericórdia. Um novo porvir vos aguarda. Vinde, meus irmãos!"

Sensibilizados, muitos daqueles infelizes se aproximaram

da borda do fosso e, estendendo os braços, suplicaram por socorro.

Henrique ordenou que as faixas fossem lançadas para estabelecerem uma ponte entre as duas margens.

Apavorados, grande parte deles não conseguiram vencer a barreira que os opositores ofereciam, recuando sobre seus passos, desesperançados e chorosos. Outros, porém, com os olhos brilhantes, decididos, avançaram.

- Não receeis! Vinde! Agarrai-vos com firmeza nas faixas e sereis puxados! - prosseguia ele, incansável.

Aqueles cujo desejo de mudança era apenas aparente, não conseguiam se segurar nas faixas, que se diluíam. Somente três, dentre todos os sofredores que ali estavam, lograram transpor o fosso.

Assim que passaram para o nosso lado, denotando extrema fraqueza, foram imediatamente recolhidos pelos auxiliares, transportados em padiolas e levados para a condução que nos aguardava.

Esperamos por algum tempo ainda; como ninguém mais ousasse transpor a barreira, Henrique ordenou fosse retirado o equipamento. Recolhidas as redes e as faixas vibratórias, as luzes foram apagadas e nos retiramos em silêncio.

Luiz Otávio exclamou cheio de piedade:

- Tão poucos foram ajudados! Apenas três!

- Pois acredite que fizemos um excelente trabalho hoje. Resgatamos três espíritos, e isso representa muito. Há ocasiões em que não conseguimos ajudar ninguém, retornando com a condução vazia - considerou Matheus, que caminhava ao nosso lado.

- Não poderíamos ter sido mais enérgicos, libertando aquelas criaturas que se encontravam atemorizadas pelos seus algozes? - indaguei, inconformado.

- Necessário entender, César, que a ajuda do bem nunca se faz através da violência. É imprescindível que aquelas criaturas ainda dominadas pelo mal resolvam exercitar sua força de vontade e desejem realmente sair da situação em que se encontram. Não se iluda, meu irmão. Se eles desejassem o socorro, o socorro seria dado, porque suas condições psíquicas teriam mudado, e ninguém conseguiria impedi-los de transpor a barreira - esclareceu nosso orientador, concluindo: - E não deixa de ser, sempre, uma questão de densidade vibratória.

Meditando em tudo o que víramos, prosseguimos em silêncio. Sheila caminhava a meu lado e percebi que chorava. Fitei-a com carinho, um tanto preocupado, e apertei-lhe a mão. Ela se lastimava, sensibilizada:

- É muito triste ver irmãos nossos nessa situação e nada poder fazer. Tive vontade de abraçá-los a todos com muito amor e arrancá-los de lá.

- Compreendo o que está sentindo, Sheila. Também estou frustrado. Resta-nos, no entanto, o recurso de rogar a Deus por eles e, depois, dar tempo ao tempo.

A pior parte do trajeto havia passado e a caravana se aproximava de nossa pequena cidade.

Planando no espaço, de mãos dadas, sentindo o vento a acariciar nossos rostos, nos sentíamos profundamente felizes. Poder estar juntos, partilhando experiências, vivenciando as mesmas emoções, era fantástico!

Sorrindo um para o outro e trocando olhares cheios de amor, uma sensação de plenitude nos envolveu.

NOTA:

(*) Evangelho de Mateus, cap. XI, vv.28 a 30.

33

APRENDENDO SEMPRE

Sentados em círculo, fazíamos a avaliação da atividade socorrista realizada no dia anterior.

Presentes, os alunos do curso ministrado pelo instrutor Henrique. Todos haviam, de uma forma ou de outra, participado da excursão. Os que não puderam ir pessoalmente, por falta de condições vibratórias e de equilíbrio, imprescindíveis a um trabalho de tanta responsabilidade, acompanharam o desenrolar dos acontecimentos através do monitor já mencionado.

Assim, era natural surgissem dúvidas e questionamentos. Todos estavam muito impressionados com a missão empreendida.

Sorridente, o instrutor Henrique abriu espaço para perguntas e comentários, em face do interesse geral.

Newton Mariano, um rapaz recentemente incorporado ao grupo, indagou, iniciando:

- Henrique, fiquei pasmo diante das armas que os "seguranças" portavam. Seria mesmo necessário tal "aparato bélico"? - Nossa função não é levar a paz e convencer pelo amor?

Pela reação de alguns alunos, percebi que concordavam com o colega. O instrutor, sereno, dispôs-se a responder:

- Newton, acredita você que, a pretexto de levarmos a paz, devamos nos deixar abater, sem defesa? E a nossa responsabilidade perante os irmãos mais fracos que confiam em nossa ajuda?

Fez uma pausa, dando tempo aos aprendizes para pensarem no assunto, e prosseguiu:

- A Lei do Amor é de origem divina, e todos estamos sujeitos a ela. O sofrimento que atinge às criaturas ocorre exatamente pelo esquecimento dessa lei. Contudo, lidamos com seres ainda mergulhados no mal, rancorosos e vingativos, que poderiam destruir todo o esforço da equipe, se não fossem contidos. As armas são necessárias, sim. No entanto, não têm a finalidade "bélica" a que você se referiu. São apenas de efeito moral, para manter os infelizes irmãos à distância, pelo medo, e para permitir que possamos atuar com segurança.

- Supondo-se que as armas fossem disparadas, o que aconteceria aos espíritos atingidos? Sofreriam algum efeito? - perguntou Magali.

- Certamente. Caso contrário, elas não teriam utilidade alguma. O efeito assemelha-se a uma descarga elétrica, que os assusta e os impede de se aproximar.

- Quer dizer que eles sentem dor? - espantou-se Giovanna.

- Sim! São entidades extremamente materializadas, por isso, ao receberem o dardo, mentalmente se julgam atingidas e, conseqüentemente, sentem dor.

- E quanto às redes luminosas que foram estendidas? - quis saber outro colega, um senhor de cabelos brancos, simpático e amável.

- Trata-se de equipamento feito de material magnético, cuja função é evitar a aproximação de espíritos violentos e proteger os servidores do bem dos petardos, de terrível poder destruidor, comumente lançados por esses infelizes irmãos.

Satisfeito, o cavalheiro agradeceu com um sorriso. Em seguida Ana Cláudia considerou:

- Fiquei muito chocada e penalizada por ver aquelas pobres criaturas sendo impedidas de ultrapassar o fosso pelos terríveis monstros que as agarravam. Como socorrê-las?

Demonstrando idêntica preocupação, Henrique concordou, ponderando:

- O espetáculo das misérias que nos é dado contemplar é chocante, realmente, Ana Cláudia. No entanto, é imperioso lembrar que tudo tem sua razão de ser. Aqueles irmãos sofredores não estão naquele local de "choro e ranger de dentes" por acaso. Nem eles são "anjos", nem seus algozes, "demônios". São todos, na verdade, espíritos imperfeitos a caminho da evolução, sofrendo as conseqüências do livre-arbítrio mal utilizado. Desde que esses companheiros se candidatem à renovação, serão socorridos. Ninguém permanecerá para sempre à margem da Lei de Deus. Mesmo nos piores lugares, a luz um dia se fará presente. Entidades devotadas e generosas ali estarão prestando assistência a esses desventurados irmãos.

- Bastaria que se lembrassem de elevar o pensamento a Deus em oração e seriam resgatados - afirmou Eduardo, sensibilizado.

- Exatamente, Edu - concordou Henrique. - Elevando-se mentalmente, a criatura consegue alterar seus padrões vibratórios para melhor, ficando, assim, fora do alcance dos algozes.

Aproveitando uma pausa maior que se fizera, Gladstone indagou:

- Henrique, havia na equipe mentores de grande elevação. Estranhei o fato de ter sido escolhido um padre católico, o Monsenhor Felipe, para fazer a preleção. É pelo fato de ter sido religioso e conhecer mais o Evangelho?

Vários alunos se manifestaram, afirmando ter o mesmo tipo de questionamento.

Henrique sorriu e explicou:

- Conquanto houvesse espíritos muito iluminados, como você acertadamente afirmou, a escolha recaiu no irmão Felipe porque, pelos seus antecedentes e dadas as conveniências do momento, era a pessoa mais indicada para dirigir-se aos sofredores. Apesar de ex-religioso, perambulou longo tempo nas zonas inferiores, antes de se tornar chefe de falange dedicada ao mal. Entendemos que sua amarga experiência naquelas regiões sombrias e o fato de ter vivenciado na "carne", em passado não remoto, tudo o que aqueles irmãos estavam sofrendo, seria suficiente para criar uma empatia maior entre ele e seus interlocutores, conferindo-lhe maior poder de persuasão. Entendeu?

Gladstone agradeceu, acrescentando:

- Entendi. Você precisava não do mais elevado espiritualmente, e sim do mais "habilitado" naquelas circunstâncias. Até porque Monsenhor Felipe estava mais ao "nível" da numerosa "platéia". Quero dizer, apesar de ser um dedicado servidor da nossa esfera, a distância que o separa dos habitantes do abismo é menor do que a que existe entre estes e nossos mentores.

- Exatamente. Mais alguma pergunta?

- Sim. Gostaria de visitar os irmãos que foram resgatados. Seria possível? - indagou Padilha, com o apoio geral.

Satisfeito, nosso orientador considerou:

- Fico feliz em notar o interesse de vocês por irmãos tão sofredores. Certamente poderão vê-los, na unidade hospitalar em que foram recolhidos. Contudo, não será agora. Eles necessitam de algum tempo para recuperação. Quando tiverem condições, vocês poderão visitá-los. Enquanto isso, lembremo-nos de orar por eles.

Fez uma pausa, perpassando o olhar em torno, e concluiu:

- Não apenas por eles, já socorridos, mas por todos os sofredores e aflitos mergulhados no vale das sombras, necessitados de ajuda e de compaixão. Quantos outros lugares existirão, iguais ou piores do que aquele, no Universo? Sabemos que a mão misericordiosa do Pai se espraia por todos os lugares e sobre todas as Suas criaturas, com infinito amor. Estejamos convencidos, portanto, de que, onde estivermos, nunca nos faltará a proteção divina.

Com uma prece, Henrique deu por encerrada a aula, e deixamos o recinto a meditar em tudo o que aprendêramos naquele dia.

Caminhando pelas ruas, de mãos dadas com Sheila, não pude deixar de agradecer a Jesus as infinitas bênçãos que nos concedia, enquanto milhões e milhões de espíritos padeciam dores atrozes em lugares não muito distantes dali.

Estávamos felizes por nos acharmos na Espiritualidade, por habitarmos a pequena cidade de Céu Azul e também por caminharmos juntos sob o manto estrelado.

34

DESPEDIDA DE SHEILA

Aproximava-se a data em que Sheila nos deixaria rumo a seu futuro. Apesar de estarmos tristes, procurávamos evitar que ela percebesse, demonstrando alegria e descontração.

- Quando você partirá? - indaguei certo dia, tentando não parecer excessivamente ansioso.

Ela respirou fundo e respondeu, num tom de voz que pretendia ser o mais normal possível, mas que não escondia certa preocupação:

- Logo. Nossos Maiores haviam programado minha partida para a segunda-feira próxima. Solicitei, no entanto, adiamento para a terça-feira, após a reunião.

Fez uma pausa e justificou:

- Não quero partir sem me despedir dos amigos.

Engoli em seco. A separação estava mais próxima do que eu supunha. Mudei de assunto para que o ambiente não degenerasse em tristeza.

Naqueles últimos dias de convivência a envolvemos ainda com mais amor e carinho, insuflando-lhe bom ânimo e otimismo.

No dia da nossa separação, participamos normalmente de todas as atividades. Preparamos a reunião mediúnica, trabalhamos no "nosso projeto", cuja responsabilidade em grande parte nos pertencia, e executamos as demais tarefas como se aquele fosse um dia qualquer.

Na hora combinada, estávamos todos a postos.

O recinto da Casa Espírita encontrava-se tomado por espíritos necessitados, ali conduzidos para receber assistência. Logo os companheiros encarnados começaram a chegar.

Iniciada a reunião com uma prece, foram lidos trechos de obras espíritas, para estudo e orientação da equipe. Em seguida, a luminosidade-ambiente foi reduzida ao mínimo, ocasião em que

Eduardo se aproximou do dirigente encarnado, responsável pela condução das atividades, e soprou-lhe algo ao ouvido.

Recebendo a sugestão de Eduardo através da via intuitiva, Alexandre propôs:

- Vamos cantar hoje a “Canção da América”?

A lembrança da música, do inspirado compositor e cantor Mílton Nascimento, muito conhecida e apreciada na esfera material, provocou reação favorável de todos.

Esquecia-me de dizer que é costume nosso, antes do início das atividades mediúnicas propriamente ditas, cantar uma ou duas melodias para preparar o ambiente. Escolhidas com critério, tais mensagens, sempre elevadas e edificantes, têm a particularidade de favorecer grandemente o equilíbrio da psicosfera, com isso neutralizando eventuais emanações destrutivas, provindas de entidades sofredoras ali presentes.

Na Espiritualidade temos criações musicais belíssimas - diria até indescritíveis, pela falta de elementos similares aí na Terra.

Nossos irmãos menos felizes, espíritos que vibram em esferas mais densas, sofredores e aflitos, rancorosos e vingativos, são incapazes de ouvi-las. Contudo, escutam as melodias que os companheiros encarnados cantam e, assim como estes, se deixam envolver por elas e se emocionam. Não raro, essas canções ajudam a modificar o teor vibratório de suas mentes, possibilitando o socorro da equipe espiritual.

A música como terapia não é novidade, e seus efeitos benéficos são sentidos em todos os lugares onde se usa esse recurso adicional, especialmente em hospitais que se dedicam ao tratamento das doenças mentais e psíquicas. Além do hominal, os reinos vegetal e animal se mostram também sensíveis aos benefícios da música.

Os Centros Espíritas mantinham-se apartados desse tipo de terapia, temendo o desvirtuamento da pureza doutrinária, pela qual tanto zelam, como ocorre em certos rituais e práticas outras comuns a alguns ramos da religião cristã existentes, hoje, na Terra.

Em que pese à minha inexperiência e pouca elevação

espiritual, posso afirmar que sempre deu excelentes resultados a introdução da música em nossas atividades. De modo algum recomendo, porém, sua utilização em caráter geral, dado o risco de não se observarem certos cuidados, como discernimento e oportunidade na escolha das melodias. Se não houver harmonia, beleza e elevação, a música poderá prejudicar ao invés de auxiliar na preparação do equilíbrio ambiental.

Arte que mais nos aproxima de Deus, é ela um recurso que, se bem utilizado, deverá ser extremamente benéfico. Entretanto, é preciso que nos despojemos dos preconceitos ainda arraigados em nosso íntimo, como ranço de outras culturas religiosas.

O Sérgio - um dos integrantes do grupo encarnado - pegou o violão e a melodia espalhou-se no ar. Logo aos primeiros acordes, a emoção tomou conta dos participantes da reunião, tanto encarnados quanto desencarnados, em virtude das lembranças do ambiente terreno que essa canção evocava: os amigos, a família, os afetos mais puros.

"Amigo é coisa pra se guardar
Debaixo de sete chaves
Dentro do coração
Assim falava a canção
Que na América ouvi,
Mas quem cantava chorou
Ao ver seu amigo partir."

Ana Cláudia e Giovanna, em prantos, lembravam o dia da sua passagem para o Mundo Espiritual. Num momento de profunda emoção, seus amigos entoaram essa música como despedida, pouco antes do féretro deixar a igreja rumo ao cemitério.

Cada membro da equipe espiritual tinha suas próprias recordações, que guardava com carinho e saudade, as quais naquele instante fluíam de seus corações comovidos.

Sheila, igualmente não conteve as lágrimas. Aproximou-se da médium, passando esta a registrar em sua sensibilidade as mesmas reações do espírito.

O momento era de grande significação para todos nós.

Abraçados, fizemos um círculo em torno da mesa, continuando a cantar com os amigos encarnados:

"E quem ficou no pensamento voou
Com seu canto que o outro lembrou.
E quem voou no pensamento ficou
Com a lembrança que o outro cantou.
Amigo é coisa pra se guardar
No lado esquerdo do peito,
Mesmo que o tempo e a distância digam não,
Mesmo esquecendo a canção.
E o que importa é ouvir
A voz que vem do coração.
Pois venha o que vier,
Seja o que vier,
Qualquer dia, amigo, eu volto
A te encontrar.
Qualquer dia, amigo, a gente
Vai se encontrar..."

Quando a melodia terminou, do Alto vertiam luzes em forma de pétalas de flores, inundando o ambiente de um perfume suave e de claridades belíssimas. Essas bênçãos, vindas de Esferas Superiores, representavam dádivas que o coração bonissimo de Maria de Nazaré nos enviava através de Seus Emissários. As pétalas, caindo suavemente sobre todos nós, eram assimiladas pelos nossos corpos, daí se direcionando em forma de energias revitalizantes para as entidades sofredoras ali presentes.

Sob intensa emoção, quase sem conseguir falar, nossa querida Sheila tomou a médium para dirigir algumas palavras de despedida ao grupo.

- Boa noite! Que a paz de Jesus esteja com todos!

A saudação foi recebida com vibrações de afeto pela equipe encarnada. Ela continuou:

- Aqui quem fala é a Sheila, e este é um momento muito importante para mim. Estou aqui para me despedir.

- Você vai para outro lugar? - indagou Alexandre, penalizado pelo estado emocional da comunicante.

- Sim. Vou reencarnar. Ofereceram-me uma ótima oportunidade, e não posso perdê-la.

- Nós vamos sentir sua falta - afirmou o dirigente.

Não contendo o pranto, Sheila acrescentou:

- Eu também. Vou sentir muita saudade de todos, mas vai ser bom para mim.

Contou, então, que renasceria numa família muito boa, acentuando:

- Estou contente porque terei a bênção de conhecer a Doutrina Espírita, o que me será de grande ajuda, facilitando minha programação de vida.

Aproveitando uma pausa maior de Sheila, o orientador do grupo encarnado externou os sentimentos de todos:

- Ah! Que bom! Estamos felizes por você!

No que ela, sorrindo, pressagiou esperançosa:

- Quem sabe não iremos nos reencontrar um dia, quando eu já estiver encarnada? Participando do movimento espírita, talvez tenhamos a oportunidade de nos rever.

- É mesmo! Quem sabe? Ficaremos muito satisfeitos se isso acontecer.

- É possível até que a gente se reconheça...

- É verdade!

Com os olhos nublados de pranto, acompanhávamos a cena que se desenrolava diante de nós.

Sheila ainda conversou um pouco com os participantes da reunião, depois despediu-se de cada um.

- Vocês estarão sempre no meu coração. Tenho certeza de que mais tarde, onde estiver, sentirei às vezes uma saudade indefinida, sem saber do quê. E será de vocês! - afirmou, incluindo todos, encarnados e desencarnados.

A emoção era tanta que o peito parecia explodir. Alexandre transmitiu-lhe o incentivo e os votos do grupo:

- Sheila, esteja certa de que também não a esqueceremos. Você será muito feliz. Deus é bom e Seu amparo jamais lhe faltará.

Estaremos sempre orando por você e torcendo pela sua vitória.

- Eu sei. Tenho muitos amigos, graças a Deus, e conto com vocês também. Obrigada por tudo. Até qualquer dia!

Assim, Sheila despediu-se, acompanhada do carinho e dos votos de bom êxito de toda a equipe encarnada.

Os amigos desencarnados - eu principalmente - a recebemos com amor, abraçando-a e consolando-a naquele momento difícil. Bênçãos infinitas fluíam do Alto, causando-nos profundo bem-estar.

Uma parte da programação estava encerrada. A outra se realizaria na Espiritualidade.

35

NOVAS PERSPECTIVAS

À distância, pudemos ver a construção envolta em celestes claridades, para onde nos dirigíamos. Nas primeiras horas na madrugada, o movimento era intenso.

Chegando ao local convencionado, encontramos reunidas grande número de pessoas, que palestravam animadamente.

Ali estavam os amigos que Sheila fizera na Espiritualidade, seja nos cursos freqüentados, seja nas funções que exercera. Também se faziam presentes os parentes já desencarnados, os companheiros da Casa Espírita, libertos através do sono, além dos mentores e orientadores que com tanto carinho e boa vontade nos tinham suprido as necessidades de conhecimento, como Matheus, Antero, Irmã Clara, Henrique, Anita e muitos outros. Jésus Gonçalves, nosso amigo muito querido, viera igualmente trazer o seu abraço e incentivo.

Sheila dirigia-se a cada um com muito carinho e gratidão pelo apoio e generosa solicitude que demonstravam naquela hora tão significativa para ela.

Todos queriam cumprimentá-la, externando votos de êxito na nova empreitada.

Matheus, que se ligara ao nosso grupo por laços de afinidade profunda, dirigiu uma saudação à homenageada da noite, na qualidade de porta-voz da equipe. De maneira singela e despretensiosa, fitou os presentes e, detendo-se de forma especial em Sheila, falou:

- "Querida Sheila, durante o período em que aqui permaneceu, você ajuntou bens de valor apreciável, bens do Espírito, que são imperecíveis. Reuniu valores em conhecimento e vivência, enriquecendo-se intimamente. Mas, acima de tudo, fez muitas amizades, semeando amor em todos os lugares por onde passou e deixando um rastro de perfume e carinho.

"Prepara-se agora para retornar ao mundo terreno, em nova

encarnação. Deixará, também lá, o rastro da sua passagem, edificando para o bem e construindo para o amor.

"Renascerá você, minha amiga, numa época de grande tumulto, mas tem as condições necessárias para vencer, ajudando na implantação do Reino de Deus na face da Terra."

Matheus fez uma pausa e, perpassando o olhar pela assistência, prosseguiu:

- "O que está vendo aqui hoje, essas dezenas de entidades aqui reunidas, representa o trabalho desenvolvido junto aos corações. É conquista sua. São todos seus amigos, companheiros sinceros e leais que você conquistou com sua maneira de ser, gentil e delicada, nobre e digna. Assim, confie. Do "lado de cá" da vida, ficaremos vigilantes, auxiliando para que tudo corra conforme o programado e dando-lhe sustentação nas horas mais difíceis. Confiança, coragem e firmeza de propósitos, é o que lhe aconselhamos. Conte conosco. Receba o nosso abraço e os votos de feliz regresso à Terra de nossos sonhos.

"Que o Senhor a abençoe!"

Em seguida, Matheus abriu os braços e enlaçou Sheila, que, emocionada, chorava sem cessar.

Nossa amiga quis dirigir algumas palavras de agradecimento a todos, mas a emoção era tanta que não conseguiu.

Nesse momento, Jésus Gonçalves tomou a palavra, convidando-nos a orar:

- Elevemos os nossos pensamentos ao Criador, para agradecer as bênçãos desta hora!

Erguendo a fronte nimbada de luz, pareceu meditar alguns instantes e, em seguida, principiou:

- " Senhor da Vida!

"Estamos aqui reunidos, nesta noite, para nos despedir de uma irmã que parte para o orbe terrestre, em continuidade a seu processo evolutivo. Neste momento, Senhor, suplicamos por ela Tua proteção, para que se sinta segura e confiante.

"De agora em diante, deverá preparar-se mais intensamente para sua volta a um novo corpo. Que nesse período seja cercada pelo nosso carinho, de modo a desfrutar da paz e da harmonia de que tanto precisa.

"Que Maria de Nazaré, nossa Benfeitora Maior, envolva a querida Sheila em vibrações amoráveis, balsamizando seu coração sequioso de amor.

"E a todos nós, Senhor, que também um dia haveremos de partir rumo a novo mergulho na carne, dá-nos Tua bênção.

"Recebe, Senhor, nosso preito de gratidão e nosso amor, por todas as dádivas com que temos sido ininterruptamente aquinhoados. Assim Seja."

Do Alto vertiam luzes. Pequenos flocos azulados caíam suavemente, como neve, sobre todos nós, renovando-nos o íntimo e provendo-nos de indizível alegria e bem-estar. Percebi que as bênçãos do Alto espargiam-se com mais intensidade sobre Sheila, profundamente comovida.

Iniciaram-se as despedidas. Cada um a abraçava, ratificando o compromisso de ajuda e renovando os votos de bom êxito no seu regresso à Terra.

Quando chegou a vez do nosso grupo, a emoção aumentou ainda mais. A cada companheiro que a abraçava e dizia-lhe algo de especial, ela chorava. Ana Cláudia, Giovanna, Betão, Marcelo, Eduardo, Gladstone, Maneco, Paulo, Giseli, Padilha, Luiz Otávio e tantos outros desfilaram à sua frente. Fui o último.

Ao chegar a minha vez, o nó na garganta apertou ainda mais, quase me impedindo de respirar. Abracei Sheila, tentando transmitir-lhe tudo o que me ia na alma. Não consegui dizer nada; as palavras pareciam desnecessárias naquele instante. Ao nos separarmos, afirmei apenas:

- Nos veremos por aí.

Ela sorriu por entre as lágrimas e murmurou:

- Até um dia, César!

Segurei suas mãos com força. Queria dizer-lhe algo importante, que marcasse aquele momento, mas nada me ocorria. Olhei-a pela última vez e brinquei:

- Não seja uma criança muito chata.

Ela sorriu. Nesse instante, os espíritos orientadores, responsáveis pelo seu processo reencarnatório, se aproximaram. Iriam acompanhá-la. O tempo se esgotara.

Sheila partiu com eles, deixando-me no íntimo a sensação de imenso vazio.

Saímos. O grupo todo estava calado, ainda sob o impacto da reunião. Olhei para o céu. Infinitos pontos de luz cintilavam sobre nossas cabeças, convidando-nos à reflexão.

A vida prosseguia. O trabalho continuaria, novas atividades iriam suceder-se às primeiras, novos conhecimentos se acrescentariam como valores inestimáveis.

O ciclo da vida se repetiria sempre. A equipe encarnada já não era a mesma dos primeiros tempos. Alguns componentes se afastaram e outros vieram dar a sua valiosa contribuição, como Fernanda, Edilene, Pacheco, Rossana.

Logo outros companheiros também deixariam o nosso convívio na Espiritualidade, como Luiz Otávio, que, terminado o seu estágio conosco, retornaria à sua cidade de origem, Aldebarã.

Outros membros viriam enriquecer o nosso grupo, ensejando novas amizades e colorido diferente às nossas vidas.

Contudo, a doce Sheila, "suave como a brisa e leve como o vento", permaneceria sempre conosco como uma lembrança agradável e eterna.

Teremos outro tipo de relacionamento, a partir de agora. Quando voltarmos a vê-la, estará diferente, num novo corpo, e as preocupações serão outras.

Respirei fundo, olhando para o alto. Ali, caminhando sob a luz da estrelas, fiz um retrospecto daqueles dez anos que se passaram após meu desembarque no além-túmulo. Sinto que amadureci muito durante esse período tão rico de vivências. Com o coração cheio de esperança, pensei no futuro radioso que a Misericórdia Divina nos reserva.

Nesse momento, um mensageiro se aproxima do grupo e informa:

- Vocês estão sendo requisitados para o serviço. Acaba de

dar entrada no hospital, vinda da Crosta, uma jovem recém-desencarnada, que está precisando de ajuda. Chama-se Melina.

Olhamos uns para os outros, como se disséssemos:

- O serviço nos aguarda. Vai começar tudo de novo!

César Augusto Melero